QUEM DEUS É?

Uma breve introdução ao estudo da divindade a partir das impressões deixadas pelas Escrituras Sagradas

Editora Appris Ltda.
1.ª Edição - Copyright© 2021 dos autores
Direitos de Edição Reservados à Editora Appris Ltda.

Nenhuma parte desta obra poderá ser utilizada indevidamente, sem estar de acordo com a Lei nº 9.610/98. Se incorreções forem encontradas, serão de exclusiva responsabilidade de seus organizadores. Foi realizado o Depósito Legal na Fundação Biblioteca Nacional, de acordo com as Leis nos 10.994, de 14/12/2004, e 12.192, de 14/01/2010.

Catalogação na Fonte
Elaborado por: Josefina A. S. Guedes
Bibliotecária CRB 9/870

C672q
2021
	Coelho, Vagner Braga Nunes
	    Quem Deus é?: uma breve introdução ao estudo da divindade a partir das impressões deixadas pelas escrituras sagradas / Vagner Braga Nunes Coelho. - 1. ed. - Curitiba: Appris, 2021.
	    141 p. ; 23 cm.
	
	    Inclui bibliografia.
	    ISBN 978-65-250-0341-2
	
	    1. Deus – Prova de existência. 2. Deus – Atributos. I. Título. II. Série.
	
	                                              CDD – 212.1

Livro de acordo com a normalização técnica da ABNT

Editora e Livraria Appris Ltda.
Av. Manoel Ribas, 2265 – Mercês
Curitiba/PR – CEP: 80810-002
Tel. (41) 3156 - 4731
www.editoraappris.com.br

Printed in Brazil
Impresso no Brasil

Vagner Braga Nunes Coelho

QUEM DEUS É?

Uma breve introdução ao estudo da divindade a partir das impressões deixadas pelas Escrituras Sagradas

FICHA TÉCNICA

EDITORIAL	Augusto V. de A. Coelho
	Marli Caetano
	Sara C. de Andrade Coelho
COMITÊ EDITORIAL	Andréa Barbosa Gouveia (UFPR)
	Jacques de Lima Ferreira (UP)
	Marilda Aparecida Behrens (PUCPR)
	Ana El Achkar (UNIVERSO/RJ)
	Conrado Moreira Mendes (PUC-MG)
	Eliete Correia dos Santos (UEPB)
	Fabiano Santos (UERJ/IESP)
	Francinete Fernandes de Sousa (UEPB)
	Francisco Carlos Duarte (PUCPR)
	Francisco de Assis (Fiam-Faam, SP, Brasil)
	Juliana Reichert Assunção Tonelli (UEL)
	Maria Aparecida Barbosa (USP)
	Maria Helena Zamora (PUC-Rio)
	Maria Margarida de Andrade (Umack)
	Roque Ismael da Costa Güllich (UFFS)
	Toni Reis (UFPR)
	Valdomiro de Oliveira (UFPR)
	Valério Brusamolin (IFPR)
ASSESSORIA EDITORIAL	Lucas Casarini
REVISÃO	Evelin Louise Kolb
PRODUÇÃO EDITORIAL	Gabrielli Masi
DIAGRAMAÇÃO	Bruno Ferreira Nascimento
CAPA	Amy Maitland
COMUNICAÇÃO	Carlos Eduardo Pereira
	Débora Nazário
	Kananda Ferreira
	Karla Pipolo Olegário
LIVRARIAS E EVENTOS	Estevão Misael
GERÊNCIA DE FINANÇAS	Selma Maria Fernandes do Valle
COORDENADORA COMERCIAL	Silvana Vicente

Dedico esta obra inteiramente ao meu Criador, Deus, que me permitiu estudar os assuntos referentes à Sua divindade, por intermédio de profundas meditações e análises bíblicas, e que no uso de Sua misericórdia, revelou-se de forma magnífica a mim, um pobre pecador.

A Deus toda a honra, a glória e o louvor. Amém!

AGRADECIMENTOS

Agradeço a Deus, que me permitiu de forma sublime experimentar sua presença ao longo do período em que me dedicava às reflexões e análises visando produzir o presente texto.

Ao Pastor Sebastião Ferreira, *in memoriam*, pelos inúmeros ensinamentos transmitidos por meio de suas reflexões, seja por meio de pastorais dominicais e mensagens.

Não posso me esquecer da Primeira Igreja Batista de Vila da Penha, local no qual me desenvolvi como cristão e onde pude aprender sobre como me relacionar maravilhosamente com nosso Criador.

Aos meus pais, Norival e Selma, pelo exemplo de dedicação e vida!

Em especial, agradeço a minha esposa Raquel e ao meu filho Natanael, que com suas vidas me ensinam continuamente a como viver e são exemplos vivos da obra magnífica que Deus faz na minha vida.

APRESENTAÇÃO

A inspiração para desenvolver este escrito veio de conversas e argumentações levadas a cabo com um amigo Maçom, na realidade, Grão-Mestre Maçom reconhecidamente gnóstico. Debatíamos constantemente sobre o ser de Deus. As argumentações oscilavam entre ser possível conhecer Deus ou não. Entre Deus ser cognoscível ou incognoscível, refletindo, assim, a disputa travada entre o cristianismo ortodoxo e o gnosticismo. Entre o teísmo ou deísmo e, até mesmo, o panteísmo.

Na tentativa de descrever meus pensamentos, imaginei descrever quem é Deus. Ao me questionar verifiquei que a resposta, embora possível, é limitada pela minha linguagem. Não consigo descrever a divindade na sua totalidade, muito embora consiga perceber o que a divindade é. O que a divindade fez e tem realizado em minha vida? Essa segunda pergunta facilitou, e muito, o trabalho; facilmente percebi que Deus não é impessoal, por isso mudei o foco do estudo e a pergunta mestra deste trabalho. Não mais seria quem é Deus, mas sim, quais são os seus atributos. Ao identificar alguns atributos de Deus, consigo apresentar ao meu amigo Maçom que Deus pode ser, em parte, conhecido; pode ser individualizado. Como gnóstico, meu amigo deve perceber que o conhecimento, especificamente da divindade, apresenta detalhes que, embora não determinem o objeto de estudo (no caso, Deus) em sua totalidade, iluminam o caminho para uma descrição e particularização do mesmo. Como consequência, infere-se que ao ser apresentado a alguns atributos em particular, Deus é visto como um ser pessoal passível de ser identificado, especialmente, quando sua ação é perceptível racionalmente pelo homem. O conhecimento a respeito de Deus já é, sob alguns aspectos, conhecido inclusive pelo meu amigo Maçom.

Procuraremos, então, neste pequeno trabalho, analisar o divino sob olhares humanos, ou seja, sob nossa própria visão, embora saibamos ser esta uma tarefa árdua e provavelmente inalcançável. Para tal trabalharemos com atributos que servem para identificar ou apresentar um perfil de Deus.

Obviamente tal análise não é exaustiva, porém aborda uma razoável quantidade de aspectos que facilitam nossa compreensão sobre quem é este Ser maravilhoso e excelso, que é o responsável pela nossa criação e sustentação.

Devemos ter o cuidado necessário para não orientarmos nosso estudo sobre aspectos tradicionais. Não devemos ter dogmas ou conceitos pré-definidos sobre quem é Deus, pelo simples fato de que alguém, em nossa história de vida, tenha nos dito quem a divindade deveria ser. Alguns teólogos, psicólogos e profissionais de outras áreas de conhecimento já despenderam demasiado tempo para estudar a divindade, tais trabalhos são extremamente interessantes para nosso aprendizado e não devem ser descartados. Dessa forma, o presente trabalho, não se propõe a eliminar os anteriores e sim acrescentar uma nova forma de se observar Deus, apresentando atributos usuais com uma nova linguagem que permita ao homem pós-moderno assimilar as verdades das Escrituras sem, no entanto, moldá-las à nova realidade.

Ateremos-nos aos princípios teístas para discutir sobre Deus e tomaremos por base os escritos contidos na Bíblia Sagrada. Para tal, iniciaremos nosso estudo verificando a plausibilidade ou não da existência de Deus, de sua revelação aos homens e da veracidade dos registros bíblicos como um todo. Tal procedimento visa validar nossas reflexões sobre os atributos divinos.

Obviamente, ao homem só é permitido conhecer de Deus aquilo que a própria divindade tenha revelado, não podemos nem devemos fazer inferências sobre aspectos que não nos são expostos. Nada se pode garantir sobre o que Deus não tornou público. Deus, como veremos, é insondável!

O trabalho em sua totalidade foi concluído em aproximadamente dois anos. Foram horas laboriosas para conseguir elencar uma série de atributos. O esforço não foi em vão. Posso não ter conseguido mudar a forma de pensar de meu amigo, talvez não tenha sido capaz de apresentar argumentações convincentes, mas o prazer em desenvolver este trabalho e a agregação de conhecimento que tive a oportunidade de assimilar, são a melhor paga pelo esforço dispendido. Cresci! Amadureci! Aproximei-me de Deus! Cri! Descobri facetas divinas que nunca antes haviam permeado minha imaginação nem meus pensamentos. Conclui, ainda, que o conhecimento puro não é suficiente. De nada adianta conhecer de ouvir dizer ou de ler. Aqui concordo com Kant, quando afirma que "nenhum conhecimento a priori nos é possível, a não ser o objeto (*Deus*) de experiência possível" [1].

---

[1] KANT, Immanuel. *Crítica da razão pura*. São Paulo: Martin Claret, 2004. p. 158, grifo meu.

Nem todas as conclusões que cheguei encontram-se aqui registradas, procurei registrar apenas aquilo a que me propus inicialmente. Talvez tenha errado! Espero que não! Desejo, ainda, que as informações e sugestões registradas neste trabalho sejam úteis para aqueles que desejam ardentemente aproximar-se de Deus, conhecê-lo intimamente, experimentar um relacionamento profundo com Ele e almejam ter suas vidas radicalmente transformadas!

PREFÁCIO

É necessário e vital saber Quem Deus é! O Deus que se revelou o fez porque deseja ser conhecido. O autor foi feliz na escolha do tema e partiu da premissa que Deus pode ser conhecido e identificado porque é um Deus que age e deixa o rastro em suas ações para que percebam que é um "ser pessoal, capaz de agir livremente."

Neste livro, o autor se atém aos princípios teístas e à Bíblia Sagrada por considerá-la "a Palavra da Verdade", pelo cumprimento das profecias; acurácia histórica; acurácia científica; e o efeito dos seus escritos. Na sua busca pelo conhecimento de quem Deus é, o doutor Vagner Braga Nunes Coelho se contenta e deixa claro que só é possível conhecer de Deus o que ele mesmo revelou. Mesmo usando como base o teísmo e a Bíblia, não deixou de abordar a influência do gnosticismo e do deísmo que afirmam que somente pela razão pode se compreender a existência de Deus. Notamos a angústia do autor ao constatar a fragilidade de sua linguagem, que também é de todos nós, para se descrever o Deus insondável.

Mesmo considerando "uma tarefa árdua e provavelmente inalcançável" visto que Deus é insondável, o autor avança com olhar fixo nas ações de Deus para compreendê-lo melhor, visto que já o considera um Ser maravilhoso, excelso, criador e sustentador. Essa busca do autor tem por base a existência de Deus, fato aceito pela maioria, com base na criação do universo admirável e insondável, no qual o criador deixou evidências de sua existência, assinando sua criação.

O autor dá apenas uma pincelada no termo "Trindade" e não entra em detalhes, visto que as pessoas da "Trindade" tem os mesmos atributos, considera que o termo significa "Deus". Neste livro, o autor afirma que há uma capacidade inata na humanidade que permite acreditar na existência de Deus, o que ele chamou de fé. Ainda que esse conhecimento seja "apenas um conhecimento parcial" deve fazer parte de uma busca constante. Não é um conhecimento completo, mas é adequado e deve sempre aumentar. Não é uma fé sem argumentos, mas precisamente fruto da manifestação do próprio Deus na experiência de sua criação, "a comprovação da existência divina".

O autor foi eficiente ao apresentar e nos proporcionou um momento de culto a Deus com a leitura das características exclusivas de Deus (adorabilidade, atemporalidade, eternidade etc.), dos atributos de Deus (benignidade, fidelidade, justiça, misericórdia, paciência, proximidade e zelo), dos nomes de Deus e de suas ações. O autor humildemente busca amparo em notáveis pensadores, como John P. Dourley, Battista Mondin, Agostinho, Stephen Hawking, Robert Jastrow, J. J. Rosseau, Nélson Glueck e outros, que enriquecem este belo trabalho. No passo a passo o autor foi feliz e preciso no que propôs, mostrar quem Deus é, com base em seus atributos e nas considerações dos homens frente às ações de Deus. Acredito que o doutor Vagner alcançou seu objetivo legando-nos este belo escrito, que deverá ser leitura indicada a tantos quantos aprendem e ensinam sobre o tema nas faculdades e seminários. Será útil para os que foram criados à imagem de Deus, para que vivam a vida plena, "que é o desejo ardente de todo ser humano, uma vida frutífera, com esperança, perspectivas, sonhos, realizações, livre. Enfim, uma vida que valha a pena ser vivida". O autor não tem dúvida que essa vida ideal "só poderá ser conseguida caso experimentemos Deus em nós por meio de uma experiência pessoal" pois ele "é A fonte" e O caminho daquilo que preenche a vida de suas criaturas. Certamente que a leitura deste livro será de grande valia aos que se preparam para concílio com vistas ao Ministério Pastoral e para quem quer conhecer seu Criador. Acredito que a leitura deste livro levará muitos a "se inclinar diante do imensurável", como disse Fiódor Dostoiévski.

Que o primeiro passo seja dado, "na busca de uma conduta de vida especial".

Pr. Claudio de Castro Fernandes

Pastor da Igreja Batista Ebenézer
Presidente da Convenção Batista do Amazonas

SUMÁRIO

INTRODUÇÃO 17

I
DEUS EXISTE? 23

II
A BÍBLIA É VERDADEIRA? 29

III
COMO DEUS SE REVELA? 37

IV
PRINCÍPIOS FUNDAMENTAIS DE DEUS 43

V
ESSÊNCIA E NATUREZA DA PESSOA DE DEUS 55
1 – Essência ou espiritualidade 55
2 – Natureza de Deus 57
3 – Comunicabilidade das perfeições 62

VI
PROPRIEDADES E ATRIBUTOS ESPECIAIS DA
PESSOA DE DEUS 63
1 – Propriedades 63
2 – Atributos especiais 74
3 – Considerações dos homens frente ao ser de Deus 80

VII
PERSONALIDADE DA PESSOA DE DEUS...................83
1 – Personalidade de Deus...83
2 – Considerações dos homens frente à personalidade de Deus......90

VIII
AÇÕES DA PESSOA DE DEUS...................................91
1 – Ações de Deus...91
2 – Considerações dos homens frente às ações de Deus............102

IX
OS NOMES DE DEUS..105

X
VONTADE DE DEUS..121

XI
O RELACIONAMENTO COM DEUS............................127

EPÍLOGO..133

REFERÊNCIAS..137

INTRODUÇÃO

Estudar Deus não é, pois, um passatempo ou um luxo, e sim uma necessidade vital, porque é só através desse estudo que podemos alcançar também a compreensão de nós mesmos, do significado e da importância da nossa vida. Somente com Deus e em Deus o homem pode esperar a realização de si mesmo. O estudo e o conhecimento de Deus são os carvões ardentes que (junto com a adoração e a prece) alimentam a chama da nossa esperança.

(Battista Mondin)

Quando nos propomos a estudar Deus, como proposto por Battista Mondin ao afirmar ser uma necessidade vital, deparamo-nos com o fato de que cada um de nós, individualmente, pode alçar um conhecimento específico do divino. Conhecer a Deus também nos propicia uma melhor compreensão de nós mesmos. A razão para isso se baseia no fato de a criatura (nós) ser uma imagem do Criador (Deus). Particularmente diria que apenas por intermédio de Deus seremos capazes de nos conhecermos de verdade e responder a uma pergunta que intriga toda a humanidade: qual o propósito da vida? Conforme o próprio Agostinho afirmou, "Tu (Deus) mesmo o incitas (o homem) ao deleite no teu louvor, porque nos fizeste para ti, e nosso coração está inquieto enquanto não encontrar em ti descanso."[2]

Ou, ainda, segundo John P. Dourley:

> Embora descrito diferentemente, Tillich e Jung consideram o modelo da presença de Deus junto ao homem como uma força na vida, que leva a uma crescente transcendência de si mesmo, em formas de expansão de interesse e consciência, mesmo que esta vida mantenha sua unidade interior.[3]

---

[2] AGOSTINHO. *Confissões*. São Paulo: Martin Claret, 2003, p. 29.

[3] DOURLEY, John P. *A psiquê como sacramento*. São Paulo: Paulinas, 1985, p. 14-5.

É verdade que de certa forma procuramos conhecer a face de Deus avaliando como Ele é, o que pensa, o que faz, o que deseja, seu propósito para o homem, enfim, como se relaciona com a humanidade. Encontramos estudos e verdadeiros tratados religiosos, filosóficos e até psicológicos sobre a existência divina e sua atuação no que concerne ao ser humano. Observamos, entretanto, que a pergunta, que cala nas mentes e corações dos homens é quem seria a pessoa de Deus. Tal indagação nos faz pensar, inicialmente, sobre a existência ou não de um ser divino baseado em princípios e possuidor de uma natureza, propriedades, atributos, personalidade, ações e vontade.

Conhecer a Deus só é possível após uma consideração pessoal sobre sua existência e como se obtém uma revelação d´Ele. Assim, cada ser humano tem diante de si duas questões primordiais:

- Deus existe?

- Como Deus se revela?

Essas questões que o ser humano, de uma forma ou outra responde, devem ser cuidadosamente refletidas para se chegar a uma conclusão coerente e lógica. A análise criteriosa do mundo que nos cerca, o próprio eu e a consciência desenvolvida pessoalmente sobre a divindade formam a convicção pessoal de que Deus existe ou não.

A existência divina, desde os primórdios da humanidade, é via de regra, considerada como real pelos diversos povos e culturas. Para a maioria dos povos primitivos e também os de nosso tempo a existência divina é considerada real sem o menor constrangimento, ou seja, é tida como real sem nenhum tipo de conflito pessoal. Não paira sobre grande parte da humanidade a possibilidade da não existência divina. Isso porque o ser humano com toda sua capacidade tecnológica e científica, não consegue absorver toda a genialidade da construção do universo. Atribui, dessa forma, a um Criador externo, comumente denominado DEUS. Essa divindade é denominada pelos povos por diversos nomes e por diversas formas, tais como: Deus Sol, Deus Lua, Alá, Anu, Jeová, Ka, Rá etc... Embora a crença na existência de Deus seja aceita pela maioria dos homens, é mister analisar sua existência ou não, e inferir sobre a unicidade ou pluralidade desse ser. Evidentemente, o estudo sobre a divindade só pode ocorrer por meio de algum tipo de revelação. Por conseguinte, é preciso identificar no mundo

QUEM DEUS É?

(revelação natural) ou em algum livro sagrado (revelação especial) as particularidades apresentadas para o ser divino.

Segundo Immanuel Kant:

> [...] uma regra de prudência muito importante, não se arriscar imediatamente a definir e não pretender ou tentar a perfeição ou a precisão na determinação do conceito, quando podemos contentarmos com um ou outro caráter desse conceito, sem necessitar para isso de uma enumeração completa de todos os caracteres que exprimem o conceito total. [4]

A humanidade possui entre suas grandes religiões teístas, o judaísmo, o cristianismo e o islamismo, nestas, a figura divina é expressa comumente pelos vocábulos Jeová ou *Elohim*, Deus e Alá, respectivamente. Essas religiões têm origem no Oriente Médio e no personagem conhecido como Abraão. O judaísmo e o cristianismo possuem a mesma raiz histórica baseada na promessa de um Messias. Entretanto, o primeiro vive no aguardo dessa vinda prometida, enquanto o segundo vive consolidado na crença da vinda desse Messias prometido na pessoa de Jesus, o Cristo. Abraão foi o responsável pela divisão entre essas duas religiões, pois de cada um de seus filhos, Ismael e Isaque, nações e, consequentemente religiões, foram implantadas no mundo. Pelos descendentes de Ismael desenvolveu-se o islamismo, que após a vida de Maomé estabeleceu-se como hoje é conhecido, e pelos descendentes de Isaque desenvolveu-se o judaísmo, que por desenvolvimento natural após a passagem de Jesus Cristo na Terra, chega-se ao cristianismo. Aqui não se questiona a veracidade ou não, oriunda de qualquer de uma dessas religiões, porém nos permite inferir que suas raízes históricas possam lançar luzes sobre a existência e revelações sobre o ser divino. Devido a esse fato, trataremos da existência divina por meio da análise de escrituras, consideradas sagradas, que são a base de tais religiões.

Obviamente, existem outras religiões tais como hinduísmo ou xintoísmo, geralmente mais difundidas no oriente, que induzem um processo de interiorização do homem. São, usualmente, denominadas de agnósticas e panteísticas, cujos conceitos, geralmente sobre equilíbrio entre a matéria e o espírito, apresentam diversos aspectos filosóficos, psicológicos e sociológicos que podem ser extremamente importantes para a condução da vida

---

[4] KANT, Immanuel. *Crítica da razão pura*. São Paulo: Martin Claret, 2004, p. 238.

humana, porém não nos permite inferir e analisar a existência divina de forma clara. Tais religiões não acreditam na possibilidade de a divindade ser conhecida, apregoam a incognoscibilidade do divino.

Outra cosmovisão da divindade é encontrada no ateísmo. Nesse caso, seus adeptos consideram que Deus simplesmente não existe. Nem como ser individualizado (teísmo[5]), nem como a essência de tudo (panteísmo)[6]. Essa cosmovisão, em particular, não nos permite conhecer a divindade. Logo, não será considerada para nossa análise.

Iremos, portanto, procurar analisar, inicialmente, se Deus realmente existe e como se revelou, ou mesmo, como se revela ainda nos dias de hoje. Tal condução de ideias visam clarear nossa compreensão sobre Deus, conforme considerado nos questionamentos inicialmente feitos. Muito embora a verdade sobre Deus só venha a ser plenamente conhecida na eternidade, não podemos deixar de procurar ter o conhecimento a respeito da divindade. Para tal nos deteremos sobre a análise e os conceitos revelados por intermédio das Escrituras Sagradas, procurando concordar o alvo de nosso estudo – Deus – com a verdade. A escolha da Bíblia reside no fato de ser ela a Palavra da Verdade; logo, é a única com a autoridade para servir de orientadora na busca do pleno conhecimento da verdade. Concordando, assim, com Immanuel Kant, "[...], intuição e conceitos constituem os elementos de todo o nosso conhecimento, [...] A definição precisa da verdade consiste na concordância do conhecimento com o seu objeto."[7]

Faz-se necessário, entretanto, discernir sobre o termo "Deus". Em muitos estudos e, inclusive, na Bíblia, o termo Deus está relacionado à Trindade, ou seja, à indicação de Deus Pai, Deus Filho e Deus Espírito Santo como um único ser em essência. Falar sobre a Trindade, sua composição ou manifestações, não é o objeto de nossa preocupação no momento. Por conseguinte, o vocábulo Trindade será única e exclusivamente entendido

---

[5] Aliada às religiões teístas, existem diversas disciplinas que se dedicam ao estudo do chamado "problema Deus". Podemos citar, entre as mais importantes, a Teologia Dogmática, Teologia Filosófica, Metafísica, História das Religiões e a Filosofia da Religião. Todas essas disciplinas procuram focalizar nossa visão de Deus sobre alguns aspectos. Reputamos todas de imensa importância para o estudo da divindade, porém não nos ateremos especificamente a nenhuma delas. Nesta análise procuraremos nos reportar sobre Deus pela sua grande importância que tem para com o ser humano, pois acreditamos que tal conhecimento nos permite um autoconhecimento, além do conhecimento do próprio Deus.

[6] Para maior profundidade na análise das cosmovisões teístas, panteístas e ateístas, verificar o trabalho desenvolvido por Norman Geisler e Peter Bocchino em seu excelente livro *Fundamentos inabaláveis*, especialmente quando analisa a veracidade das cosmovisões possíveis à luz dos princípios da lógica formal. Em nosso caso, consideraremos a conclusão dos autores de que a cosmovisão teísta é a adequada.

[7] KANT, Immanuel. *Crítica da razão pura*. São Paulo: Martin Claret, 2004, p. 89 e 93.

com o ser *Deus*. Será uma análise do ser divino, uma vez que não é possível observar variações entre as pessoas integrantes da Trindade. Cada uma das pessoas divinas pode atuar separadamente e somente por meio de suas ações ou obras nos será possível distinguir as pessoas da Trindade. Nunca a distinção poderá ser realizada por causa dos atributos. Isso devido ao fato de que tanto o Deus Pai, como o Deus Filho e o Deus Espírito Santo possuem os mesmos atributos em sua plenitude.

I

DEUS EXISTE?

A preocupação inevitável do homem
para com o supremo é fundada na sua
experiência de Deus como base de seu ser.

(John P. Dourley)

Ilustres filósofos, cientistas e religiosos procuraram ao longo dos séculos provar, ou até mesmo demonstrar, a existência de Deus, entre os quais destacam-se: Platão, Aristóteles, Agostinho, Maimônides, Tomás de Aquino, Descartes, Spinoza, Leibniz, Kant, Hegel etc. Tais demonstrações, geralmente, encontram subsídios na lógica aristotélica e são de imenso valor histórico e prático. Com elas nos é possibilitado o desenvolvimento de pensamentos em torno da pessoa de Deus, além de nos permitir observar que a divindade não está afastada da ciência como procuraram demonstrar alguns.

Entre as demonstrações podem ser citadas como principais aquelas apresentadas por meio de argumentações ontológicas, cosmológicas ou antropológicas. O argumento ontológico defende a existência da divindade em função da ideia e necessidade do ser. O argumento cosmológico, por sua vez, trata da busca de uma causa primeira na formação do universo, baseando-se nos fenômenos de contingência existente no mundo. Por fim, o argumento antropológico parte da análise da natureza humana ao identificar qualidades e aplicá-las, exaustivamente, a um ser; trata das exigências de autotranscendência do homem.

Segundo Battista Mondin:

> A hipotése de Deus pode (aliás, deve) ser colocada metodologicamente entre parenteses pelo cientista. Mas se o cientista quiser vestir a toga de filósofo, não pode buscar argumentos na ciência para desmentir Deus; pois hoje, mais até do que antes, o cientista encontra

> no mundo indícios mais claros, mais sugestivos e mais acessíveis das "coisas invisíveis de Deus" do que seus colegas dos séculos passados.[8]

O ser humano, evidentemente, é fruto de algo extraordinário que ocorreu no passado (origem), pois é difícil imaginar que o homem e a mulher apareceram por acaso, assim como todos os animais, macho e fêmea, e todos os diversos tipos de seres viventes. O aparecimento fortuito no cosmo possui seus defensores. Entretanto, estes possuem grande dificuldade em defender suas teorias. Ao se pensar de onde viria tamanho cuidado na elaboração de seres cuja constituição complexa ainda não é adequadamente conhecida. Como os seres conseguem se multiplicar e sobreviver num planeta? Como conseguem alimento para seu sustento diário? Essas reflexões são profundas e nos permitem considerar a existência de *algo superior* ou transcendente à nossa compreensão. Este *algo superior*, obviamente, possui inteligência, pois seus feitos são possíveis de análise e de uma engenhosa habilidade criativa, haja vista a grande complexidade de elementos e seres vivos existentes no nosso planeta e talvez em outros ainda desconhecidos para a humanidade. Como este *algo superior* possui inteligência, fica presumida uma personalidade. É um ser especial que foi capaz de criar todas as coisas que conhecemos e aquelas que ainda nos são desconhecidas. A partir desse ponto, chamaremos este *algo superior* como usualmente é conhecido, ou seja, *Deus*. No caso, um ser superior dotado de personalidade, ou seja, é uma pessoa!

Nesse caso, ao observar que Deus é um ser pessoal, percebemos que Ele possui características, atributos e personalidade. Por identificar a divindade como uma pessoa, é possível buscar por revelações ao se identificar a atuação de uma personalidade.

Existem ao menos cinco evidências que permitem ao homem constatar a existência divina. Essas evidências são as seguintes:

- a criação inanimada;
- a criação animada;
- a consciência humana;
- o plano e a ordem do universo;
- a crença universal na existência de Deus.

---

[8] MONDIN, Battista. *Quem é Deus?* Elementos de teologia filosófica. São Paulo: Paulus, 1997, p. 240.

Quando se analisa alguns elementos da criação inanimada, verifica-se que a mesma, embora não possua vida, age e é necessária à manutenção da vida: os elementos químicos, as forças físicas, o tempo etc... De onde ou por quem tais elementos foram desenvolvidos? Por que se aglutinarem numa forma específica: estrelas, planetas, rochas? Por que interagem com outras criações inanimadas produzindo efeitos diversos: os efeitos das marés, as eclipses solar e lunar, as chuvas etc.? Essas perguntas nos levam a crer na possibilidade da existência de algo sublime, criativo e dotado de inteligência. Não admitir significa fechar-se para as evidências. Para a existência do universo físico, entendamos aqui como inanimado, há apenas duas possibilidades reais, ou foi criado ou evoluiu. A evolução encontra refutações constantes dentro da própria ciência. Suas objeções são, geralmente, em virtude da idade prevista para o universo. Imaginando a evolução tem-se que para se alcançar o estágio de evolução atual, o universo necessariamente teria uma idade muito elevada. Isso para permitir que os elementos químicos realizassem as reações de forma espontânea e gerassem os elementos que hoje conhecemos. A ciência inviabiliza essa possibilidade com base nas suas teorias (a segunda lei da termodinâmica[9], por exemplo) e com base nas observações práticas como bem frisou o físico inglês Stephen Hawking. Como a evolução é, pelos fatos observados, impossível, resta-nos apenas, como possibilidade, a criação.

De acordo com Stephen Hawking:

> A observação que todos fazemos, de que o céu a noite é escuro, é muito importante. Isso significa que o universo não pode ter sempre existido no estado que vemos atualmente. Algo deve ter acontecido no passado para fazer as estrelas se acenderem há um tempo finito, o que significa que a luz das estrelas muito distantes ainda não teve tempo de nos alcançar.[10]

Quando se observa os animais ou o próprio homem, ou seja, a criação animada, chama-nos a atenção a indescritível elaboração dos mesmos. Como entender as razões que levam os animais a possuírem um comportamento típico dentro de cada espécie? Como entender os mecanismos que levam ao

---

[9] Enunciado da lei: "Todo sistema natural, quando deixado livre, evolui para um estado de máxima desordem, correspondente a uma entropia máxima."

[10] HAWKING, Stephen. *O universo numa casca de noz*. São Paulo: Arx, 2002, p. 72.

homem possuir consciência? Como entender o fato dos elementos químicos – inanimados – serem capazes de permitir ao homem a capacidade de realizar atividades como os pensamentos? É fácil observar que tais atitudes instintivas ou mesmo aquelas investigadoras e reflexivas não são materializadas; não podem ser expressas por meio de elementos naturais, são transcendentes à nossa própria compreensão. Chega-se ao seguinte questionamento: como a criação animada é capaz de atuar no mundo sendo fisicamente composta exclusivamente de materiais inanimados? A resposta evidente é que algo superior é o responsável por essa habilidade! Tornando-se mais difícil a afirmação de que não haja uma divindade, pois a consciência humana e o instinto animal produzem resultados práticos, por vezes, inesperados.

Inúmeros trabalhos de teólogos e filósofos tentam mostrar por intermédio de suas análises e conclusões a existência divina. Podem-se destacar diversos pensadores tais como: Platão, Aristóteles, Fílon de Alexandria, Plotino, Agostinho, Anselmo de Aosta, Maimônides, Tomás de Aquino, Descartes, Spinoza, Leibniz, Kant, Hegel, entre outros. Qualquer que seja a forma de argumentação empreendida, observa-se a curiosidade humana instigando-o a pesquisar e a analisar inicialmente a sua própria origem ou gênese. Num segundo momento, chegando-se ao ponto crucial da necessidade de se abstrair das análises materiais e científicas, para um tratamento filosófico sobre a existencialidade humana por criação de um ser supremo. Esse pensamento não humanista pressupõe um instrumento de credibilidade inata ao ser humano que comumente denomina-se *fé*; quanto mais fé uma pessoa possui, mais facilmente esta verá a necessidade da existência, da presença e da atuação de um ser transcendente e criador.

Diversos autores já declararam sua crença na existência divina, entre eles destacamos Richard Swinburne que em seu trabalho sobre a existência de Deus, conclui de forma brilhante que Deus efetivamente é real, com argumentações irrefutáveis. Podemos inferir que a crença ou fé, como é comumente falada, provém de algo intrínseco ao homem, algo que encontra-se em sua essência existencial, que significa a presença de Deus no próprio homem, sendo desta feita mais um argumento comprobatório da existência divina.

Como afirmou Richard Swinburne:

> [...] a hipótese da existência de Deus faz sentido a partir do (ou dá sentido ao) conjunto de nossa experiência, e faz isso melhor que qualquer outra explicação que

pode ser apresentada, e isso é o fundamento para se acreditar que seja verdadeira.[11]

Quando se analisa o plano e a ordem do universo, chega-se a um dilema: cientistas dizem ser o universo regido por leis físicas e químicas as quais o homem pode demonstrar, em contrapartida os teólogos dizem que tais leis, conhecidas ou não, foram estabelecidas de alguma forma por um agente externo, que nesse caso seria Deus. Obviamente as leis que regem o universo são demasiadamente elaboradas. A humanidade conseguiu descrever e demonstrar umas poucas, geralmente após inúmeras observações. Entretanto, o homem continua sendo constantemente surpreendido pela ocorrência de fatos científicos novos e demonstrações tais, que há algum tempo seriam inadmissíveis. Quem poderia imaginar, na década de 90, que o homem descobria água na Lua ou mesmo em Marte. A pergunta nesse caso é: para que esses locais possuem água, uma vez que não houve desenvolvimento de vida consciente? A partir da análise da evolução da ciência nos é permitido concordar com Robert Jastrow[12] e inferir que "para o cientista que viveu dentro da crença da razão, a história termina com um sonho mau", pois uma vez que o cientista escala "a montanha da ignorância e está prestes a alcançar o mais alto cume" ele, ao chegar lá, "é saudado por um grupo de teólogos, que lá estavam sentados há séculos", pois apenas conclui que Deus realmente existe e, principalmente, é a força criadora e mantenedora do Universo.

De qualquer forma a crença na existência divina é individual, embora seja universalmente reconhecida, resta-nos observar o mundo a nossa volta e estabelecermos critérios para aceitação ou não de um Ser transcendente. Caso creiamos em sua existência podemos prová-la e mesmo pedir-Lhe uma prova de sua existência por meio da atuação em nossa vida. Podemos fazer prova d'Ele. A comprovação da existência divina encontra-se em nós mesmos. Embora possamos passar momentos de solidão como se a divindade não existisse ou não se importasse conosco, basta recorrer à vida exuberante ao nosso redor que facilmente encontraremos várias evidências da presença de Deus. Não encontramos, nem vemos a Deus com nosso olhos físicos, mas sentimos e vemos sua presença como se estivéssemos diante de um grande mosaico, onde a presença divina está camuflada em meio aos

---

[11] SWINBURNE, Richard. A existência de Deus. *Revista de Filosofia Princípios*, Natal, v. 15, n. 23, 2008, p. 272.

[12] JASTROW, Robert. *God and the astronomers* (1978) *apud* SCHWARZ, Hans. *Teologia e ciência se complementam*. DW Brasil, 2005. Disponível em: https://www.dw.com/pt-br/teologia-e-ci%C3%AAncia-se-complementam/a-1761727. Acesso em: 16 fev. 2020.

diversos traços presentes no local. Deus não é todas as coisas – panteísmo – mas se faz presente em todas elas.

Com a premissa da existência divina, resta-nos considerar sobre como este Deus se revela aos homens. As religiões espalhadas pelo mundo defendem seu ponto de vista apresentando ao homem alguns livros que seriam os responsáveis para essa revelação e outras apresentam pessoas tidas como profetas, seja qual for o nome usado, responsáveis por apresentar aos homens a revelação divina. Para analisarmos uma possível forma de revelação, realizaremos nosso estudo pelo livro mais difundido entre os povos, ou seja, a Bíblia Sagrada.

II

A BÍBLIA É VERDADEIRA?

Eu confesso que a majestade da Bíblia me abisma e fala ao meu coração!

(J. J. Rosseau)

Diversos autores, ao longo dos tempos, têm-se ocupado com análises que procuram constatar a veracidade da Bíblia como um escrito divino. Tais autores procuram, geralmente, incluir conhecimentos científicos às suas análises pessoais de forma a conduzir os leitores à conclusão óbvia de que a Bíblia possui autenticidade histórica e teológica. Aqui iremos apresentar apenas alguns aspectos sobre a Bíblia de modo a favorecer a confiança nela.

Sabe-se que a Bíblia foi escrita por cerca de 40 autores com variados níveis intelectuais e culturais e em diferentes regiões, ao longo de aproximadamente dois mil anos. Aborda os ensinos de forma concatenada e homogênea, ou seja, não há indícios de contradição entre a semântica dos textos. Há inconsistências, sim, entre as análises de teólogos a respeito de textos diversos, apresentando-se dessa forma uma razoável quantidade de interpretações a respeito do mesmo assunto.

Na busca de dar veracidade às Escrituras apresentam-se em sua defesa fatos, sob o ponto de vista filosófico, arqueológico e científico. Dentre essas possibilidades destacam-se as seguintes:

- profecias cumpridas;
- acurácia histórica;
- acurácia científica;
- efeito dos escritos.

Encontram-se registrados na Bíblia uma grande quantidade de profecias que ao longo dos anos foram sendo rigorosamente cumpridas, assim como relatos proféticos sobre povos e nações também se cumpriram. Interessante notar que os escritos são notoriamente anteriores aos fatos ocorridos, logo não são, de forma alguma, uma compilação de relatos históricos de modo a garantir sua pretensa veracidade. Não devemos considerar apenas as profecias cujo cumprimento se deu ainda no tempo dos escritos bíblicos, pois poderíamos considerar que a Bíblia previu e cumpriu dentro de si própria. Devemos, entretanto, lembrar-nos de profecias que foram cumpridas pós relatos bíblicos, como por exemplo a destruição de Jerusalém prevista por Cristo, que foi cumprida quando o General Tito destruiu toda a cidade no ano 70 d.C.

Arqueologicamente os relatos bíblicos são impressionantes, pois sua constatação tem-se ao longo dos anos mostrado uma veracidade impressionante, como destaca Nélson Glueck, conhecido como a maior autoridade em Arqueologia israelita:

> Nenhuma descoberta arqueológica jamais contradisse qualquer referência bíblica. Dezenas de achados arqueológicos foram feitos que confirmam em exato detalhe as declarações históricas feitas pela Bíblia. E, da mesma maneira, uma avaliação própria de descrições bíblicas tem geralmente levado a fascinantes descobertas no campo da arqueologia moderna.[13]

Interessante observar, ainda, que a Bíblia uma vez escrita teve seu conteúdo mantido ao longo dos tempos, demonstrando nesse caso um cuidado especial de Deus com a autenticidade e a preservação da sua própria Palavra. Fato constatado quando da descoberta dos manuscritos do Mar Morto, cujo acesso permitiu-se verificar que o texto canônico escrito em Qumran do século II a.C. até o ano 70 permaneceu sendo fielmente transmitido até sua descoberta no fim da década de 1940.

Outra espantosa evidência de uma inspiração transcendente da Bíblia é o fato de que muitos princípios da ciência moderna foram expostos antes de sua elaboração científica e das respectivas confirmações experimentais, tais como:

---

[13] GLUECK, Nélson *apud* KAPELINSKI, Igor. *A Bíblia é verdadeira?* Joinville: Clube de Autores, 2009, p. 56.

QUEM DEUS É?

- a redondeza da terra

> "E ele o que está assentado sobre o *círculo da terra*, cujos moradores são para ele como gafanhotos; é ele o que estende os céus como cortina, e o desenrola como tenda para nela habitar." (Isaías 40:22, grifo meu)

- ciclo hidrológico

> "*Todos os ribeiros vão para o mar*, e contudo o mar não se enche; ao lugar para onde os rios correm, para ali continuam a correr." (Eclesiastes 1:7, grifo meu)

- vasto número de estrelas

> "Assim *como não se pode contar o exército dos céus*, nem medir-se a areia do mar, assim multiplicarei a descendência de Davi, meu servo, e os levitas, que ministram diante de mim." (Jeremias 33:22, grifo meu)

- lei do aumento da entropia

> "Desde a antiguidade fundaste a terra; e os céus são obra das tuas mãos. *Eles perecerão*, mas tu permanecerás; todos eles, *como um vestido, envelhecerão*; como roupa os mudarás, e ficarão mudados." (Salmo 102:25-26, grifo meu)

- importância do sangue para a vida

> "*Porque a vida da carne está no sangue*; pelo que vo-lo tenho dado sobre o altar, para fazer expiação pelas vossas almas; porquanto é o sangue que faz expiação, em virtude da vida." (Levítico 17:11, grifo meu)

- circulação atmosférica

> *"O vento vai para o sul, e faz o seu giro vai para o norte*; volve-se e revolve-se na sua carreira, e *retoma os seus circuitos."* (Eclesiastes 1:6, grifo meu)

- campo gravitacional

> "Ele estende o norte sobre o vazio; *suspende a terra sobre o nada."* (Jó 26:7, grifo meu)

- importância do sono

> "Inútil vos será levantar de madrugada, repousar tarde, comer o pão de dores, pois ele *supre aos seus amados enquanto dormem."* (Salmo127:2, grifo meu)

De forma a estabelecermos a fidelidade bíblica e sua inspiração divina, podemos acrescentar à série de tópicos ora descritos, uma análise da cronologia do homem sobre a Terra. A pergunta crucial de comparação seria: a idade bíblica proposta para a humanidade corresponde a que a ciência afirmar ser? A resposta foi não e atualmente, é sim. Ao longo dos anos antropólogos e paleontólogos procuram informar a sociedade uma idade aproximada da humanidade. Tem-se, atualmente, com o auxílio de biólogos moleculares, estabelecido uma idade de aproximadamente 43 mil anos. A Bíblia não afirma explicitamente a idade da raça humana, porém estudiosos hebreus estimam a idade em 35 mil anos. Fato curioso é que os hebreus sempre avaliaram a idade da humanidade nesse patamar e a ciência, em contrapartida, variou suas análise ao longo dos anos, exageradamente oscilando entre 5 a 15 milhões de anos na década de 1950, para os atuais 43 mil anos[14], conforme apresentado por Robert Jastrow.

> Agora percebemos como a evidência astronômica leva à visão bíblica da origem do mundo. Os detalhes diferem mas os elementos essenciais nos registros astronômicos e bíblicos da gênese são os mesmos: a cadeia de eventos

---

[14] GEISLER, Norman; BOCCHINO, Peter. *Fundamentos inabaláveis*. São Paulo: Vida, 2003, p. 196-7.

> que leva ao homem começa repentina e drasticamente num determinado momento do tempo, numa explosão de luz e energia [...] A busca dos cientistas pelo passado termina no momento da criação [...]. Esse é um acontecimento extremamente estranho, inesperado para todos, menos para os teólogos. Eles sempre aceitaram a palavra da Bíblia: "No princípio, criou Deus os céus e a terra".[15]

> Os astrônomos descobriram agora que ficaram encurralados porque provaram, pelos métodos, que o mundo começou repentinamente num ato de criação [...] E descobriram que tudo isso aconteceu como produto de forças que jamais poderão descobrir.[16]

Uma evidência bíblica final reside no testemunho dos que acreditam nela, que nem sempre são pessoas de baixo intelecto ou mesmo de pouca cultura. Muito pelo contrário, são pessoas contra as quais não há demérito algum a ser registrado; têm sim, qualidades inatas que dão credibilidade a seus registros e afirmações. Como exemplo há o afirmado por Vitor Hugo, "Há um livro que, desde a primeira letra até a última, é uma emanação superior; um livro que contém toda a sabedoria divina, um livro que a sabedoria dos povos chamou de Bíblia."[17]

Além de personalidades históricas há os comuns que convivem ao nosso lado e que de alguma forma transformaram suas vidas pelo simples fato de lerem os escritos sagrados e o aceitarem como verdade. Creio que a excelência do conhecimento apresentado nas páginas bíblicas são fontes de refrigério para as almas cansadas e sobrecarregadas. Facilmente identificamos pessoas com vidas transformadas cuja explicação é difícil se ignorarmos a Bíblia. Pelo fato de a Bíblia ter esse poder transformador na vida das pessoas, algo sobrenatural é preciso ser atribuído a ela. Precisamos reconhecer sua fonte de inspiração.

O reconhecimento da inspiração divina em diferentes escritos torna-se imprescindível para a conclusão e a análise correta sobre o conhecimento

---

[15] JASTROW, Robert. *A scientist caught.* 2017, p. 14 e 115. Disponível em: http://crescendoparaedificar.blogspot.com/2017/07/licao-2-o-unico-deus-verdadeiro-e.html, Acesso em: 16 fev. 2020.

[16] Idem. *God and the astronomers*, p. 115. Disponível em: http://crescendoparaedificar.blogspot.com/2017/07/licao-2-o-unico-deus-verdadeiro-e.html, Acesso em: 16 fev. 2020.

[17] HUGO, Vitor *apud* NASCIMENTO, Adriano. *Seitas e heresias,* Joinville: Clube de Autores, 2009, p. 298.

da face divina, nosso objetivo. A revelação bíblica só pode ser verificada por meio de uma análise criteriosa, seja dos seus ensinos, de suas profecias cumpridas, de sua inerrância histórica, por exemplo. Alguns escritos seculares (não bíblicos) que influenciam pessoas em diferentes regiões do planeta nunca advogaram ser uma revelação divina. São apenas resultados da reflexão humana que, com certeza, muito contribui para o crescimento moral e intelectual do homem. Porém, tais escritos não são suficientes para esclarecer a pergunta que é o objeto de nossa reflexão: qual é a essência de Deus? Qual o perfil da divindade?

Essa revelação por meio da inspiração só pode ser transmitida pelo próprio Deus; é uma revelação especial da parte d´Ele. Deus inspirou homens para registrar sua palavra e inspira os leitores para que os mesmos possam compreender seus ensinos[18]. Ao considerar a Bíblia como uma fonte de revelação, passaremos a verificar apenas e tão somente em suas páginas as considerações feitas sobre esse Deus no qual a humanidade tanto fala e que, obviamente, pouco conhece.

Há a necessidade de o ser humano possuir fé nos Escritos Sagrados, assim como na existência divina. Chegamos a um ponto crucial e extremamente importante para a condução das análises posteriores. Ou o homem possui fé[19] em Deus e nos Escritos Sagrados, ou não será capaz de perceber a plenitude da existência divina como nos propomos a analisar[20]. Será apenas e tão somente um exercício filosófico onde chega-se a conclusões efêmeras e que sempre geram debates e conflitos entre pessoas de diferentes credos. A fé é a base da introspecção que permitirá conhecer a divindade. Temos que ter a convicção de que procuraremos observar alguns atributos de Deus e não a ideia filosófica de Deus. Deseja-se evitar o enfrentamento do homem

---

[18] "Filho meu, se aceitares as minhas palavras, e entesourares contigo os meus mandamentos, para fazeres atento à sabedoria o teu ouvido, e para inclinares o teu coração ao entendimento; sim, se clamares por discernimento, e por entendimento alçares a tua voz; se o buscares como a prata e o procurares como a tesouros escondidos; então entenderás o temor do Senhor, e acharás o conhecimento de Deus. Porque o Senhor dá a sabedoria; da sua boca procedem o conhecimento e o entendimento;" (Provérbios 2:1-6).

[19] "Ora, a fé é o firme fundamento das coisas que se esperam, e a prova das coisas que não se vêem." (Hebreus 11:1).

[20] "Ora, sem fé é impossível agradar a Deus; porque é necessário que aquele que se aproxima de Deus creia que ele existe, e que é galardoador dos que o buscam." (Hebreus 11:6).

racional com a veracidade bíblica[21]. Posto que esta deva ser analisada sob o ponto de vista exclusivamente espiritual[22].

Conforme dito por Miguel Unamuno:

> Quem diz que crê em Deus e, no entanto, não o ama nem o teme na verdade não crê nele, mas naqueles que ensinaram que Deus existe. Quem acredita que crê em Deus, mas não tem nenhuma ira no coração, nenhuma angústia no espírito, nenhuma incerteza, nenhuma dúvida, nenhum indício de desespero, mesmo quando consolado, crê apenas na idéia de Deus e não em Deus.[23]

É histórico o fato de a Bíblia ter sido originalmente escrita em grego, hebraico e aramaico. Suas diversas vertentes de traduções e versões podem produzir textos na linguagem atual ligeiramente diferentes do que os diferentes autores procuraram registrar. Nesse ponto crucial da hermenêutica, devemos considerar que ao acreditar na existência divina e aceitar o fato de os Escritos Sagrados terem sido divinamente inspirados, é plausível admitir que suas diferentes traduções e versões também o tenham sido inspiradas ou conduzidas por Ele. Se o próprio Deus desejou revelar-se ao homem por meio de uma forma escrita, por que não facilitaria sua interpretação aos diversos povos do planeta por intermédio de uma tradução ou versão fidedigna e válida? Conclui-se, portanto, que o homem ao entrar em contato com os Escritos Sagrados deve ouvir o que Deus fala por meio dos textos diretamente a sua pessoa[24] e, consequentemente, retirar daí, após reflexões

---

[21] "Respondeu-lhes Jesus: Errais, não compreendendo as Escrituras, nem o poder de Deus;" (Mateus 22:29).

[22] "Mas, como está escrito: As coisas que olhos não viram, nem ouvidos ouviram, nem penetraram o coração do homem, são as que Deus preparou para os que o amam. Porque Deus no-las revelou pelo seu Espírito; pois o Espírito esquadrinha todas as coisas, mesmos as profundezas de Deus. Pois, qual dos homens entende as coisas do homem, senão o espírito do homem que nele está? assim também as coisas de Deus, ninguém as compreendeu, senão o Espírito de Deus. Ora, nós não temos recebido o espírito do mundo, mas sim o Espírito que provém de Deus, a fim de compreendermos as coisas que nos foram dadas gratuitamente por Deus; as quais também falamos, não com palavras ensinadas pela sabedoria humana, mas com palavras ensinadas pelo Espírito Santo, comparando coisas espirituais com espirituais. Ora, o homem natural não aceita as coisas do Espírito de Deus, porque para ele são loucura; e não pode entendê-las, porque elas se discernem espiritualmente. Mas o que é espiritual discerne bem tudo, enquanto ele por ninguém é discernido. Pois, quem jamais conheceu a mente do Senhor, para que possa instruí-lo? Mas nós temos a mente de Cristo." (1ª Coríntios 2:9-16).

[23] UNAMUNO, Miguel *apud* YANCEY, Philip. *O Deus (in)visível*. São Paulo: Vida, 2001, p. 175.

[24] "Porque a palavra de Deus é viva e eficaz, e mais cortante do que qualquer espada de dois gumes, e penetra até a divisão de alma e espírito, e de juntas e medulas, e é apta para discernir os pensamentos e intenções do coração." (Hebreus 4:12).

e análises, as conclusões tão necessárias ao entendimento e ao propósito da própria vida.

> *Toda palavra de Deus é pura; ele é um escudo para os que nele confiam. Nada acrescentes às suas palavras, para que ele não te repreenda e tu sejas achado mentiroso.*

> (Provérbios 30:5,6)

III

COMO DEUS SE REVELA?

Sei que existe um Deus: creio que ele existe, só não sei em que crer a respeito dele. O que posso ter certeza em relação a Deus?

(Anônimo)

Levando em consideração que Deus existe e que podemos ter contato com sua revelação por intermédio da Bíblia (revelação especial), resta-nos concluir sobre como Deus se apresenta para o ser humano. Essa questão é usualmente abordada por diversos autores, que questionam sobre o que crer, a respeito do próprio Deus. Procuraremos apresentar algumas informações que, com certeza, serão muito úteis para nossa compreensão. Concordando aqui com Baruch Spinoza ao afirmar que entende "por Deus um ser absolutamente infinito, isto é, uma substância constituída por uma infinidade de atributos, cada um dos quais expressa uma essência eterna e infinita." [25]

Deus se revela de muitas formas, identificá-las todas é impossível, pois com certeza alguns atributos divinos deixariam de ser considerados até mesmo pelo mais cuidadoso e criterioso estudioso. De qualquer forma pode-se dividir o estudo da revelação divina em áreas de abrangência. Para tal estabelecemos os seguintes critérios de análise da divindade:

- princípios fundamentais;
- essência;
- natureza;
- propriedades;
- atributos;
- personalidade;

---

[25] SPINOZA, Baruch. *Ética demonstrada à maneira dos Geômetras*. São Paulo: Martin Claret, 2003, p. 62-63.

- ações;

- vontade.

Os *princípios fundamentais* são, em suma, a adoção de conceitos intrínsecos à existência de Deus, ou seja, fatos que compõe o perfil divino, como Ser, são características basilares para toda as demais argumentações. A *essência* divina tratará a composição ou substância de Deus, ou seja, *de quê* Ele é constituído. A *natureza* divina tem a ver diretamente com sua forma de agir e de se revelar aos homens, sobretudo são atributos transmissíveis ao gênero humano, são as características morais de Deus. As *propriedades* refletem diretamente as características próprias de Deus. Os *atributos* refletem as aptidões ou manifestações inatas a Ele. A *personalidade*, as *ações* e a *vontade* refletem a forma como Ele pensa e age em relação ao mundo e, principalmente, aos homens. Ao analisar esses aspectos, procuraremos conhecer efetivamente quem é o ser transcendente, supremo, que criou todas as coisas que conhecemos.

Deus se apresentou a diversos personagens bíblicos, por nomes variados – mesmo sendo inacessível – que apresentaram algumas características divinas. Usualmente a humanidade considera Deus como o criador; pensando e agindo nessa linha de raciocínio devemos incluir outros pontos para esclarecer, ao menos um pouco mais, sobre quem é Deus.

Embora possamos admitir Deus como criador sem maiores problemas, convém ressaltar que Deus sendo um ser pessoal e criador, possui outras características e atributos de existência e de personalidade que, em última análise, é o que desejamos descobrir para responder a pergunta inicial: quem é Deus? Ou mesmo perguntar: qual a essência de Deus? Qual o Seu perfil? Quais as suas características?

A Bíblia Sagrada nos fornece um nome próprio para Deus. Esse nome é identificado e conhecido pelo tetragrama YHWH (em hebraico: יהוה) no Velho Testamento. Possui algumas diferentes transliterações para o português, tais como Jeová, Yehowah, Javé e Iavé. Em outras passagens bíblicas, Deus é conhecido por SENHOR e em outras destacam-se características de Deus para sua melhor identificação. Confundindo-se, dessa forma, seus atributos com o próprio nome, por exemplo: Deus Todo-Poderoso[26], Deus Criador, Deus Eterno, Deus Pai, Senhor dos Exércitos, Senhor, Pastor[27], Rei dos Séculos etc...

---

[26] "Apareci a Abraão, a Isaque e a Jacó, como o Deus Todo-Poderoso; mas pelo meu nome Jeová, não lhes fui conhecido." (Êxodo 6:3).

[27] "O Senhor é o meu pastor; nada me faltará." (Salmo 23:1).

O nome exato de Deus não é importante para nossa análise neste momento. O que procuramos conhecer é o seu modo de ser, seu perfil. Para tal necessitamos elencar seus atributos nos diversos critérios de abordagem. Suas qualificações são, em última análise, aspectos inatos a sua existência, sua natureza, sua capacidade de atuação, sua personalidade, suas ações e a sua vontade retratam o modo de pensar e agir divinos; consequentemente para o homem conhecer as características permite entender o ser Deus, conhecer os atributos permite ao homem entender sua atuação ao longo da história, bem como compreender Seu propósito para nossas vidas e conhecer Sua personalidade permite ao homem identificar como deve ser seu proceder e agir em meio às dificuldades da vida, na busca de obter uma vida plena.

Obviamente, nem todo o conhecimento sobre Deus, ou mesmo, todo o ser Deus foi revelado por intermédio das Escrituras Sagradas. Deus reservou para Si enigmas. Devido a esse fato, devemos ter a consciência de que nunca teremos condições de conhecer todo o ser de Deus, ou mesmo qual a sua essência[28]. O que poderemos ter é apenas um conhecimento parcial. Não é um conhecimento completo, mas é adequado e deve sempre aumentar.

Fato extremamente importante é o desejo do próprio Deus de se tornar entendido e conhecido[29] pelos homens, dando validade às ações humanas de procura, análise e descoberta consciente das características divinas.

Tal afirmação retira do homem toda e qualquer culpa que por ventura possa advir da instigação humana de conhecer os mistérios que envolvam a existência divina. Faz-se ressalva, apenas, para que o homem não se aproprie desses estudos e conceitos para enveredar em questões e discussões que serão amplamente improdutivas sobre o ponto de vista espiritual. Por isso, as análises pessoais devem se restringir ao pleno conhecimento de forma particular a cada indivíduo. Os tópicos, portanto, descritos posteriormente, não podem e não devem ser objeto de discórdia entre pessoas[30].

O princípio do conhecimento de Deus na vida do homem, com certeza, altera sua forma de agir e pensar, permitindo ao homem viver sua própria vida, em sua plenitude. A vida plena é o desejo ardente de todo ser humano, uma vida frutífera, com esperança, perspectivas, sonhos, realizações, livre.

---

[28] "Porque agora vemos como por espelho, em enigma, mas então veremos face a face; agora conheço em parte, mas então conhecerei plenamente, como também sou plenamente conhecido." (1ª Coríntios 13:12).

[29] "mas o que se gloriar, glorie-se nisto: em entender, e em me conhecer, que eu sou o Senhor, que faço benevolência, juízo e justiça na terra; porque destas coisas me agrado, diz o Senhor." (Jeremias 9:24).

[30] "Mas evita questões tolas, genealogias, contendas e debates acerca da lei; porque são coisas inúteis e vãs." (Tito 3:9).

Enfim, uma vida que valha a pena ser vivida. Esta só poderá ser conseguida caso experimentarmos Deus em nós por meio de uma experiência pessoal.

Filosoficamente o homem tem procurado conceituar Deus. Existem várias propostas para definir a divindade, tais como as apresentadas por Leibniz, Gregório e Irineu. Entretanto considero a definição mais interessante a de Platão, em que o célebre filósofo vê em Deus a mente suprema e a causa eficiente de todas as coisas. Em outras palavras, Platão considera Deus como a razão do homem existir, pois Ele permite por intermédio de Si próprio uma emanação de virtudes que são almejadas continuamente pelo ser humano, conforme afirmado por G. W. Leibniz, "Deus é um ser de cuja possibilidade (ou, de cuja essência) segue-se Sua existência."[31], por Gregório de Nazianzo, "Deus é um mar de essência, imensurável e ilimitado."[32] e por Irineu de Lion, "Deus é simples e descomplicado. Ele é todo sentimento, todo espírito, todo pensamento, toda mente e toda fonte de todas as graças."[33]

E, ainda, por Platão:

> Deus é o começo, o meio e o fim de todas as coisas. Ele é a mente ou razão suprema; a causa eficiente de todas as coisas; eterno, imutável, onisciente, onipotente; tudo permeia e tudo controla; é justo, santo, sábio e bom; o absolutamente perfeito, o começo de toda a verdade, a fonte de toda a lei e justiça, a origem de toda a ordem e beleza e, especialmente, a causa de todo o bem.[34]

De qualquer forma, embora todo o esforço dos filósofos ou mesmo dos teólogos, Deus não apresenta uma definição. Entretanto, a Bíblia apresenta Deus, algumas vezes, como sendo algo – Deus é amor, Deus é luz, entre outros – que pode ser entendido como uma definição, porém são apenas apresentações dos atributos divinos. A definição não existe porque Deus não é um conceito, não é uma energia, não é um postulado ou mesmo uma teoria. Deus é um ser e, como tal, possui características e personalidade.

---

[31] LEIBNIZ, Gottfried Wilhelm. *Uma definição de Deus ou de um ser independente,* 1676. Disponível em: https://leibnizbrasil.pro.br/leibniz-traducoes/definicao-de-deus.htm. Acesso em: 11 fev. 2020.

[32] NAZIANZO, Gregório *apud* MILEANT, Alexander. Deus Único. *Recados do Aarão,* 2017. Disponível em: https://www.recadosdoaarao.com.br/?cat=34&id=2187. Acesso em: 11 fev. 2020.

[33] LION, Irineu. [1--?]. Disponível em: http://bizantinosartigosreligiosos.blogspot.com/2013/08/grandeza--de-deus-e-o-esforco-do-homem.html. Acesso em: 11 fev. 2020.

[34] PLATÃO *apud* Vários autores. *Curso Internacional de Teologia:* material didático gratuito. Ituitaba: Faculdade Gospel, 2016, p 25.

QUEM DEUS É?

Embora não sejamos capazes de identificar todos os fatos que envolvam a pessoa de Deus[35], podemos ter uma noção razoável sobre o Ser que é transcendente[36] e que pode, se desejarmos, estar continuamente conosco.

Embora Deus não possa ser definido, Tomás de Aquino afirma que Deus é "Aquele que é"[37]. Tal afirmação encontra respaldo bíblico; conforme o primeiro contato que Moisés teve com Deus, o mesmo lhe disse que se chamava EU SOU[38]. Esse princípio é conhecido, pelos filósofos, usualmente por Asseidade, conforme discutiremos melhor no próximo capítulo.

Em todas as pretensas definições que podemos encontrar sobre Deus haverão verdades. Por isso, basta que compreendamos o que cada uma das características apresentadas significa para que, enfim, possamos traçar um perfil de Deus. Um perfil que nos auxilie a compreender a divindade e, principalmente, seus propósitos para nossa vida.

---

[35] "Poderás descobrir as coisas profundas de Deus, ou descobrir perfeitamente o Todo-Poderoso?" (Jó 11:7).

[36] Definição: que ultrapassa a nossa capacidade de conhecer. (FERREIRA, Aurélio Buarque de Holanda. Novo dicionário Aurélio da Língua Portuguesa: nova edição revista e ampliada. 2. ed. 24ª impressão. Rio de Janeiro: Nova Fronteira, 1986).

[37] AQUINO, Tomás de. *Suma teológica I, v. I, q. 13, a. 11, resp.* São Paulo: Loyola, 2001, p 311.

[38] "Então disse Moisés a Deus: Eis que quando eu for aos filhos de Israel, e lhes disser: O Deus de vossos pais me enviou a vós; e eles me perguntarem: Qual é o seu nome? Que lhes direi? Respondeu Deus a Moisés: EU SOU O QUE SOU. Disse mais: Assim dirás aos olhos de Israel: EU SOU me enviou a vós." (Êxodo 3:13-14).

IV

PRINCÍPIOS FUNDAMENTAIS DE DEUS

Porquanto, o que de Deus se pode conhecer,

neles se manifesta, porque Deus lho manifestou.

(Romanos 1:19)

A Bíblia apresenta algumas características de Deus que são extremamente importantes para a compreensão humana sobre seu Criador. Tal conhecimento é útil para que, como humanidade, possamos viver em harmonia e da forma tão almejada pela maioria da população mundial em todos os tempos, verificando, constantemente, as correções devidas no nosso proceder diário, pois com certeza o conhecimento pleno de Deus gera transformações profundas no ser humano.

Alguns autores apresentam algumas das características de Deus elencadas neste capítulo como atributos morais e atributos naturais[39]. Os atributos morais seriam aqueles em que a humanidade poderia e deveria possuir como suas próprias características. Estão relacionadas diretamente com as qualidades morais de um indivíduo. Por outro lado, os atributos naturais seriam aqueles privativos da divindade, ou seja, ao homem não foi dado poder para os ter. Outra classificação possível é considerar os atributos como comunicáveis ou incomunicáveis, que são análogos aos considerados anteriormente.

Não nos ateremos às classificações usuais, na realidade, propomos uma nova forma de se classificar as características de Deus. Mas, analisaremos o ser de Deus por intermédio de seus princípios fundamentais, da sua essência, das suas propriedades, dos seus atributos especiais, da sua personalidade e das suas ações desenvolvidas.

---

[39] SILVA, Severino P. *A doutrina de Deus*. Rio de Janeiro: CPAD, 2001, p. 69.

As classificações e as características que serão apresentadas e desenvolvidas neste capítulo não são exaustivas. São apenas um indicativo da plenitude do ser de Deus. Ele é insondável!

Em particular a vontade divina será abordada mais detalhadamente. Isso porque a identificamos como uma peça essencial dentro de um quebra-cabeça especial. O quebra-cabeça do relacionamento do homem consigo mesmo! A submissão total a Deus visando à intimidade plena com Ele.

Identificamos como princípios fundamentais as seguintes características:

- asseidade;
- insondabilidade;
- perfeição ou inefalibilidade;
- personalidade;
- simplicidade;
- unicidade;
- vida.

Asseidade[40]

> *A expressão "Aquele que é" por três motivos é o nome mais apropriado de Deus. Antes de tudo, pelo seu significado, pois exprime não alguma forma (ou modo particular de ser), mas o próprio ser [...] Em segundo lugar, pela sua universalidade [...] Enfim, pela modalidade incluída em seu significado. De fato, esse nome indica o ser no presente: e isso se aplica de modo apropriadíssimo a Deus...*
>
> *(Tomás de Aquino)*

Inicialmente necessitamos entender um princípio fundamental no estudo da existência divina. Tal princípio é comumente conhecido como Asseidade ou plenitude do ser. Esse princípio tem a ver com a necessidade

---

[40] Nesta parte do trabalho nos referimos ao termo como Asseidade, porém cabe ressaltar que alguns autores denominam o termo por Esseidade. Não é nossa preocupação discutir a correção do vocábulo, e sim, identificar a caracterísrtica e torná-la conhecida.

da existência divina por razões transcendentais. Deus existe pelo simples fato d'Ele existir. Como bem disse Tomás de Aquino, Deus é "Aquele que é"[41]. Interessante notar que Deus não foi ou será ou possui, Ele é. O verbo encontra-se conjugado no presente, o que nos permite inferir que Deus não está preso à história cronológica de nosso tempo. Por conseguinte, Deus está nos observando nascer ao mesmo tempo em que nos observa morrer. Deus não se encontra preso à marcha do tempo como conhecemos. Deus é atemporal. Por isso podemos entender as razões de sua atuação ao longo da história, além de nos permitir observar que Deus não é um ser em evolução. Deus é completo e acabado[42]. O princípio e o fim, ao mesmo tempo.

Ao longo da história muitos foram os que procuraram incutir nas mentes e corações humanos a ideia de que Deus era um ser não acabado. Esse reflexo perdura até os dias atuais, por isso muitos não acreditam na atuação da igreja como fonte inspirativa da presença de Deus. Por ser completo e perfeito não há possibilidade de variação no ser de Deus. Desse modo, a atuação da igreja baseia-se no ser que não muda. Logo, as orientações e ensinos bíblicos são completos; não estão sujeitos a modificações temporais. Evidentemente, podem ocorrer erros em função da interpretação pessoal do homem. Cada um de *per se* deve reter somente aquilo que realmente possa ser considerado uma revelação divina para sua própria vida[43].

A Asseidade encontra respaldo bíblico porque o próprio Deus apresentou-se como o EU SOU, o princípio e o fim, o alfa e ômega, entre outros. Em todos eles observamos o tempo conjugado no presente. Não há variação temporal na pessoa de Deus. Considerar que Deus é, torna-se vital para nossa compreensão a respeito das demais características a serem apresentadas. O verbo ser é diferente do verbo possuir ou ter. Todas as características relacionadas devem ser analisadas a partir do verbo ser. Quando citarmos o amor, a misericórdia, a santidade, a luz, entre outros, devemos afirmar que Deus é amor, Deus é misericordioso, Deus é santo e que Deus é luz e assim para as demais características. Jamais devemos pronunciar as características acompanhadas do verbo possuir ou ter: Deus possui amor, Deus tem misericórdia, Deus possui santidade ou Deus possui luz, estes são exemplos antibíblicos de como nos referir aos atributos divinos.

---

[41] AQUINO, Tomás de. *Suma teológica I, v. I, q. 13, a. 11, resp.* São Paulo: Loyola, 2001, p 311.

[42] "Eu sou o Alfa e o Ômega, diz o Senhor Deus, aquele que é, e que era, e que há de vir, o Todo-Poderoso." (Apocalipse 1:8).

[43] "Mas ponde tudo à prova. Retende o que é bom;" (1ª Tessalonicenses 5:21).

Lembre-se prezado amigo, Deus é! Perceber isso é importante; pois podemos constatar que ao desejar conhecer determinados aspectos da vida humana – tais como amor, misericórdia, entre outros – devemos procurá-los na fonte. Só conheceremos o que é amor caso venhamos a conhecer a Deus e assim sucessivamente diante de todos os outros aspectos que, como seres humanos, julgamos relevantes para a vida.

Insondabilidade

> *Grande é o Senhor, e mui digno de ser louvado; e a sua grandeza é insondável.*
>
> *(Salmo 145:3)*

A insondabilidade é um conceito que nos permite comparar a transcendência e a numinosidade do divino. Encontra-se na literatura referências aos dois termos indistintamente, porém para aderirmos melhor aos registros canônicos, associamos essa característica divina ao fato de Deus ser insondável.

Deus transcende nosso entendimento! Deus é insondável! Deus é numinoso! A transcendência tem a ver com o ir além da capacidade de conhecimento. A numinosidade, por sua vez, transmite a ideia de espanto, de maravilhoso, de algo arrebatador.

À luz desse princípio, verificamos ser sumamente importante a observância de que não importa o quanto de esforço intelecual dediquemos para elucidar o chamado "problema de Deus", não alcançaremos a total compreensão da divindade. Seria, com o perdão do prezado amigo, como se um verme desejasse compreender completamente um ser humano. Obviamente não é possível, devido aos seres envolvidos estarem em níveis totalmente diferentes. Tal fato repete-se quando a relação está baseada entre o homem e a divindade. Já imaginou um homem tentando discutir com um cão a respeito da internet ou de clonagem? Impossível, não? É impossível devido ao posicionamento em níveis distintos. Já imaginou a diferença entre Deus e o prezado amigo?

Alguns autores chamam a transcendência de numinosidade, porém é de maior compreensão o primeiro termo. Independentemente do vocábulo usado, o fato é que Deus é superior a nossa compreensão, quer como possuidor de características, quer como demonstrador das tais características, ou ainda como revelador de características.

Quando verificamos que a divindade é possuidora de características. Constatamos que é inimaginável aos seres humanos a quantidade delas. De igual modo, é inatingível pela humanidade a intensidade com a qual conhecemos a apresentação de características por parte da divindade. Devemos imaginar, portanto, quantas são as características divinas que não foram apresentadas ao homem ou, até mesmo, não foram reveladas ao homem, logo há um desconhecimento por parte da humanidade. Um desconhecimento não da pessoa de Deus, mas sim da sua integralidade como ser.

Para nós, seres humanos, a perfeita compreensão da insondabilidade divina é confortante; pois, facilmente observamos que, independentemente de nossa situação espiritual, não conhecemos Deus em sua totalidade. Nossas experiências pessoais são apenas uma pequena amostra de quem Deus realmente é. As informações que possuimos d´Ele são, do mesmo modo, apenas traços de sua integralidade. O conhecimento que porventura internalizamos a respeito de Deus é apenas um percentual irrisório diante da realidade da pessoa de Deus. Todas as experiências, todas as informações coletadas e todo o conhecimento adquirido pela humanidade não é suficiente para descrever Deus.

Perfeição ou inefalibilidade

Sede vós, pois, perfeitos, como é perfeito o vosso Pai celestial.

(Mateus 5:48)

O último princípio fundamental de Deus é a perfeição. Por esse princípio Deus não possui qualquer limitação em seu Ser ou mesmo em suas propriedades e atributos. Com o entendimento do princípio da perfeição compreendemos que Deus não é finito, ou seja, Ele se contrasta com o mundo conhecido em sua relação tempo-espaço. O mundo físico estabelece limites ao homem que sugerem a imperfeição, a incapacidade ou, ainda, o desenvolvimento. Deus, por sua vez, é um Ser infinito cujos atos e pensamentos são perfeitos.

A perfeição divina não traz constrangimento ao ser humano, pois sua aceitação é natural e evidente. Resta ao homem aceitar que sua opinião ou seu desejo não tem o valor de perfeição como os advindos da divindade. Embora possamos admitir que a perfeição seja algo atingível nos atos e pensamentos, não a alcançamos na relação espaço-tempo, ou seja, é-nos impossível a infinitude ou infinidade. Isso ocorre porque o homem é uma criatura e não o Criador, ou seja, o homem é limitado. Para tal deve concordar com Fiódor Dostoiévski ao afirmar que "A lei da existência humana só depende de uma coisa: que o homem seja capaz de se inclinar diante do imensurável."[44]

A perfeição divina subentende a necessidade do homem ser submisso e, principalmente, humilde! Não podemos ser o que não somos! Não podemos possuir o que não temos condições de possuir! Somos falhos, fracos, pequenos e imperfeitos! Deus é perfeito! A compreensão disso é essencial. Com ela concluimos que ou dependemos de Deus ou não poderemos depender de mais ninguém. Deus é perfeito e é único! Não há outro que seja como Deus.

Nossa fé, por si só, deve estar direcionada exclusivamente a Deus apenas por observar os principios elencados. Saber que existe um Deus vivo, pessoal, único e perfeito nos dá a garantia que precisamos para saciar nossa sede espiritual. Apenas um contato íntimo com Deus permitirá que aprendamos o que é mais essencial na vida humana. Só por intermédio de Deus podemos conhecer a compaixão, a misericórdia, o amor, a santidade, a paz, a felicidade etc... Podemos! É uma possibilidade. Não é uma regra. Deus se revelará como quiser, quando quiser, a quem quiser. Se revela a mim de uma forma diferente quando comparada ao prezado amigo. São revelações distintas porém não são mutuamente excludentes. Apenas ressaltam a insondabilidade divina. Jamais poderemos compreender totalmente a pessoa de Deus. Deus é insondável.

Nesse caso, também cabe ressaltar que toda e qualquer vontade e propósitos divinos são perfeitos, em outras palavras, ao ser humano não cabe questionar desígnios ou mesmo intervenções de Deus na vida pessoal, pois tratar-se-ia de uma criatura imperfeita questionando e, até mesmo recriminando um ser perfeito pelas atitudes tomadas.

---

[44] DOSTOIÉVSKI, Fiodor *apud* YANCEY, Philip. *O Deus (in)visível*. São Paulo: Vida 2001, p. 117.

Personalidade

*Porque Deus é o que opera em vós tanto o querer como o efetuar,
segundo a sua boa vontade.*

(Filipenses 2:13)

Associando a personalidade aos princípios da Asseidade e da vida, podemos verificar que Deus é um ser pessoal, ou seja, possui vontade[45], inteligência[46] e emoções[47], além de reações como observamos no ser humano; possui, enfim, personalidade. O fato de Deus possuir tais atributos, conforme encontramos em diversos registros bíblicos, reafirma-nos o fato de sermos – os homens – criaturas à imagem e à semelhança de Deus. É importante salientar que a personalidade viabiliza a criação de um vínculo, um relacionamento, entre Deus e o homem!

O homem foi criado à semelhança[48] de Deus, conforme os escritos do livro de Gênesis. Geralmente o homem erra ao procurar inverter essa ordem, dizendo que Deus é como homem, ou ainda que o homem criou Deus através da necessidade de explicar ocorrências naturais sem embasamento teórico-científico. São erros históricos, porém muito presentes hoje em dia, como qualquer pessoa pode constatar.

Observamos que a aceitação de Deus como pessoa se faz pela comparação do homem em relação a Deus, ou seja, se o homem é uma pessoa, Deus também o é, porque o primeiro é uma semelhança do segundo. Da análise do texto bíblico encontrado no Gênesis, verificamos que *imagem* significa o produto da imaginação, consciente ou inconsciente, enquanto *semelhança* significa uma relação entre seres que apresentam entre si elementos conformes, além daqueles comuns à espécie.

Deus não está dentro de uma imagem, conceito ou ideia; pois sendo um ser pessoal Ele não se submete a imaginações dessa natureza. Um ídolo, do mesmo modo, é uma imagem criada pelo homem de uma divindade; é

---

[45] "Todavia, foi da vontade do Senhor esmagá-lo, fazendo-o enfermar; quando ele se puser como oferta pelo pecado, verá a sua posteridade, prolongará os seus dias, e a vontade do Senhor prosperará nas suas mãos." (Isaías 53:10).

[46] "O Senhor dos Exércitos jurou, dizendo: Como pensei, assim sucederá, e como determinei, assim se efetuará." (Isaías 14:24).

[47] "Pelo que o Senhor se indignou contra Salomão, porquanto o seu coração se desviara do Senhor Deus de Israel, o qual duas vezes lhe aparecera," (1º Reis 11:9).

[48] "E disse Deus: Façamos o homem à nossa imagem, conforme a nossa semelhança; domine ele sobre os peixes do mar, sobre as aves do céu, sobre os animais domésticos, e sobre toda a terra, e sobre todo réptil que se arrasta sobre a terra." (Gênesis 1:23).

uma representação. Qualquer que seja o ídolo construído, este não representa a Deus, tampouco é um deus. Isso porque Deus não pode ser representado nem delimitado por definições.

Simplicidade

> *Como em Deus não há composição nem de partes quantitativas, pois não é um corpo; nem de forma e de matéria, nem distinção de natureza e supósito; nem de essência e ser; nem composição de gênero e diferença, nem de sujeito e de acidente, fica claro que Deus não é composto de nenhuma maneira, mas totalmente simples.*

> *(Tomás de Aquino)*

Por simplicidade entendemos que Deus não é um ser composto. Na realidade, Deus é livre de qualquer tipo de composição, ou seja, Deus não é a soma de partes. Não há coisas que foram adicionadas ou agregadas para que se obtenha Deus. Ele é um ser absoluto! Como não é constituído por partes, Deus é a razão única e suficiente de sua própria existência. Aqui entendemos que Deus não possui atributos porque Ele é o próprio atributo. Deus não possui amor, Ele é amor. Tampouco Deus possui misericórdia, Ele é a própria misericórdia. Assim sucessivamente com todos os atributos divinos, revelados ou não, percebemos que Deus é uma perfeita consistência de atributos. Todos os atributos são, ao mesmo tempo, a pessoa de Deus; não há conflitos em seu ser.

Como Deus não é composto, Ele não tem uma causa. Em verdade, Deus é a primeira causa eficiente, ou seja, é o agente que cria ou gera todas as demais coisas existentes. Por meio de seus atributos, Deus atua criativamente concebendo o mundo espiritual e físico sem alterar-se ou agregar-se a algo. Sua simplicidade garante que Deus permaneça inalterado, independentemente de quaisquer que sejam suas obras ou atuações; não há desenvolvimento pessoal em Deus. Ele é perfeitamente completo!

Unicidade

Pois quem no firmamento se pode igualar ao Senhor? Quem entre os filhos de Deus é semelhante ao Senhor.

(Salmo 89:6)

Concomitantemente aos princípios da Asseidade, vida e personalidade, Deus adrogou para si a unicidade, ou seja, afirmou que é o único[49]. Esse aspecto divino nos permite compreender o porquê de Deus ter tamanho cuidado histórico para incutir no homem a ideia do monoteísmo, além da ira pessoal contra o politeísmo.

A unicidade é um princípio ao qual deve-se ter muito cuidado, pois tal pode ser analisado de forma absoluta ou relativa. Se imaginarmos uma unicidade absoluta temos que considerar Deus como o único ser do gênero divindade, deste modo concluiríamos que Jesus Cristo e o Espírito Santo não seriam deuses. Quando analisamos a forma relativa, imaginaríamos Deus com características individuais que o qualificariam como único, analogamente ao que ocorre com o ser humano; somos do mesmo gênero porém individualizados, ou seja, unos. Como Winkie Pratney bem ilustrou, se uma pessoa te oferecer uma maçã, o senhor possuirá apenas uma maçã, porém se a mesma pessoa te oferecer um cacho de uvas, o senhor possuirá não apenas uma uva, mas uma quantidade delas. A primeira Pratney denominou de unidade absoluta e a segunda de unidade composta[50].

Para elucidarmos a unicidade temos que ter em mente que Deus, o Pai, é um ser incriado, assim como também o são Jesus Cristo[51] por geração e o Espírito Santo[52] por emanação. Dessa forma pode-se inferir que os membros da Trindade são essencialmente um em substância, natureza e essência. Esse é o real valor do signficado da palavra unicidade.

Essa unicidade de Deus impõe a restrição de adoração à Trindade. A unicidade divina, ao longo da história, mostrou-se ser algo de difícil aceitação pela humanidade, pois, mesmo sendo conhecedor de que Deus

---

[49] "Ao único Deus sábio seja dada glória por Jesus Cristo para todo o sempre. Amém." (Romanos 16:27). "Crês tu que Deus é um só? Fazes bem; os demônios também o crêem, e estremecem." (Tiago 2:19).

[50] PRATNEY, Winkie. *A natureza e o caráter de Deus*. São Paulo: Vida, 2004, p. 309.

[51] "O qual é imagem do Deus invisível, o primogênito de toda a criação;" (Colossenses 1:15).

[52] "Quando vier o Ajudador, que eu vos enviarei da parte do Pai, o Espírito da verdade, que do Pai procede, esse dará testemunho de mim;" (João 15:26).

é espírito, o homem sentiu a necessidade de sentir fisicamente algo para depositar sua fé. Daí, advém os diversos ídolos, como encontramos em muitas denominações espalhadas pelo mundo. Nesse ponto, cabe ressaltar que Deus não aceitou a materialização da fé humana em ídolos, fazendo por intermédio da Bíblia e de profetas severas críticas a essa forma de agir humana. Deus exigiu uma posição monoteísta do ser humano. Dessa forma, o Deus único exigiu ser, também, o único a ser digno de adoração e culto[53].

Com base nisso, chega-se à conclusão óbvia de que o "algo superior"ou transcendente é Deus, é vivo, é pessoal e é único, ou seja, o Criador existe como Ser e é apenas UM. Como Deus é único, não podemos nos relacionar com "algo superior" que não seja Deus porque não existe outro. Ou nos entregamos totalmente a uma adoração exclusiva a pessoa de Deus ou estaremos adorando a uma coisa qualquer. Jamais um outro ser divino.

Vida

> *Mas o Senhor é o verdadeiro Deus; ele é o Deus vivo e o Rei eterno,*
> *ao seu furor estremece a terra, e as nações não podem suportar a sua*
> *indignação.*
>
> *(Jeremias 10:10)*

Continuando uma construção conceitual sobre a pessoa de Deus, é-nos necessário constatar a presença de vida n´Ele. O questionamento que se faz evidente é se Deus pode ser considerado um ser vivo, ou mesmo se é um ser pessoal. Observamos, nos registros bíblicos, uma preocupação divina quanto a essa questão constante no tempo que também nos permite inferir que é válida, inclusive, para nossos dias; em outras palavras, Deus está vivo atualmente[54]. Deus não é um conceito ou uma ideia. É um ser pessoal vivo!

---

[53] "Não fareis para vós ídolos, nem para vós levantareis imagem esculpida, nem coluna, nem poreis na vossa terra pedra com figuras, para vos inclinardes a ela; porque eu sou o Senhor vosso Deus." (Levítico 26:1).
"Não terás outros deuses diante de mim. Não farás para ti imagem esculpida, nem figura alguma do que há em cima no céu, nem em baixo na terra, nem nas águas debaixo da terra. Não te encurvarás diante delas, nem as servirás...." (Êxodo 20:3-5).

[54] "Porque, quem há de toda a carne, que tenha ouvido a voz do Deus vivente a falar do meio do fogo, como nós a ouvimos, e ainda continue vivo?" (Deuteronômio 5:26).
"[...] e dizendo: Senhores, por que fazeis estas coisas? Nós também somos homens, de natureza semelhante à vossa, e vos anunciamos o evangelho para que destas práticas vãs vos convertais ao Deus vivo, que fez o céu, a terra, o mar, e tudo quanto há neles;" (Atos 14:15).

Novamente, observamos que os verbos encontram-se escritos no presente, ou seja, confirmando a existência atemporal de Deus, existência em forma vivente, além da forma pessoal (personalidade). Nos escritos bíblicos estão uma grande quantidade de textos que afirmam a existência de vida em Deus; tal preocupação deve-se ao fato de que a época dos registros bíblicos, o politeísmo era forma de culto predominante, geralmente baseada na adoração a ídolos e Deus abomina tais práticas.

Talvez a vida seja o princípio fundamental mais ressaltado pelo próprio Deus em toda a Bíblia. Observa-se que a testificação de Deus como um Ser vivo é frequente em diversos momentos das narrativas bíblicas, por todos os autores que discorriam sobre a divindade. Quando analisamos esse fato, conseguimos facilmente compreender o propósito de Deus para essas afirmativas. Compreendemos esse fato, porque o homem, ao longo da história, tem insistentemente procurado deuses em formas e em coisas totalmente inadequadas, incluindo os diversos ídolos que comprovadamente existiram ou existem.

Quando procuramos entender o que significa vida para um ser divino, observamos que significa autoconsciência e mobilidade, ou seja, Deus é um ser dotado de inteligência e é capaz de mover-se sem a necessidade de ações ou causas externas a Ele. Além desses fatores, com a existência de vida em Deus, Ele pode interagir com a criação, manter um relacionamento com qualquer outro ser criado, além de comunicar-se com seres igualmente capazes de perceber informações e reagir a estas, nesse caso, nós: homens e mulheres.

Com o conhecimento da existência de vida inteligente em Deus, o homem se põe numa situação interessante. Pois, se há vida em Deus como há nos homens, particularmente cada um destes deve ter a possibilidade de estabelecer um canal de comunicação entre si, já que são seres dotados da capacidade de comunicação. Um ser vivo e inteligente é capaz de se comunicar com outros semelhantes. Deus é um ser vivo, nós também o somos, logo a comunicação é possível; basta estarmos atentos à voz divina. Como pode o homem dialogar com Deus? Como Deus dialoga com o homem? Essas perguntas tornam-se necessárias e importantes para vida particular de cada indivíduo. As respostas a essas questões devem ser cuidadosamente elaboradas.

V

ESSÊNCIA E NATUREZA DA PESSOA DE DEUS

Assim, o quanto conhecemos a Deus, tornamo-nos semelhantes a ele;

não, porém, com semelhança equivalente à igualdade,

pois não o conhecemos o quanto ele se conhece a si mesmo.

(Agostinho)

1 – Essência ou espiritualidade

Deus é Espírito, e é necessário que os que o adoram

o adorem em espírito e em verdade.

(João 4:24)

A essência de Deus é, em última análise, a constituição ou substância do ser. Os homens, por exemplo, são constituídos de água, sais, carbono e outros elementos químicos. Deus é constituído de algo, resta-nos perceber que algo é esse.

A Bíblia identifica Deus como um ser espiritual[55]. Por ser Espírito, Deus não se encontra restringido a matéria, logo sua apresentação ou representação física (ídolos) é inconsistente e mentirosa. Assim podemos compreender que Deus é imaterial, ou seja, não é constituído por algum elemento físico, seja este qual for. De igual modo, Deus não possui forma ou corpo, ou seja, é incorpóreo, imaterial. A abstração desses conceitos nos é necessária para entender o que significa ser espírito. O vento, por exemplo, é incorpóreo (não possui forma), porém não imaterial, antes pelo

---

[55] "A terra era sem forma e vazia; e havia trevas sobre a face do abismo, mas o Espírito de Deus pairava sobre a face das águas." (Gênesis 1:2).

contrário, é oriundo do deslocamento de massa, no caso ar atmosférico. Tal fato não ocorre com Deus. Dessa forma, toda e qualquer procura humana de associar o divino a um elemento[56], tal como sol e lua, terra e ar, água e fogo, são meros exercícios filosóficos que não representam a verdade, pois iniciam seus pensamentos em premissas errôneas, sendo, inclusive, alvo de severas críticas do próprio Deus.

Como consequência da espiritualidade divina concluímos, ainda, que Deus é invisível[57]. Por ser invisível, nenhum homem jamais viu a Deus[58], tampouco pode afirmar que o tenha visto, caso o faça será um mentiroso! Nas páginas sagradas existem alguns exemplos de manifestações visíveis[59] de Deus as quais chamamos de teofania. Essas manisfestações são apenas uma apresentação de Deus em um corpo visível.

O ser humano, geralmente, não enfrenta dificuldades para aceitar a espiritualidade divina, mas encontra dificuldades em compreendê-la, por isso, às vezes, procura representar Deus por meio de objetos. O conceito de espiritualidade, embora não identificado por alguns, é aceito praticamente por toda a humanidade. Tal convicção advém do fato de pessoas afirmarem sentir a presença de Deus, ou mesmo a atuação d'Ele, em suas vidas ou fatos inerentes a ela, geralmente quando enfrentam momentos difíceis ou turbulentos.

Deus sendo espírito não possui limites físicos, portanto nem sequer o nosso próprio corpo é uma barreira intransponível para Ele. Nesse caso, Deus pode estar dentro de nós! Senti-lo é possível. Esse é, provavelmente, o maior anseio da humanidade – sentir a pessoa de Deus. Sentindo-o o homem será verdadeiramente feliz!

---

[56] "Não farás para ti imagem esculpida, nem figura alguma do que há em cima no céu, nem em baixo na terra, nem nas águas debaixo da terra. Não te encurvarás diante delas, nem as servirás; porque eu, o Senhor teu Deus, sou Deus zeloso, que visito a iniqüidade dos pais nos filhos até a terceira e quarta geração daqueles que me odeiam." (Êxodo 20:4-5).

[57] "E o Senhor vos falou do meio do fogo; ouvistes o som de palavras, mas não vistes forma alguma; tão-somente ouvistes uma voz." (Deuteronômio 4:12).

[58] "Ninguém jamais viu a Deus. O Deus unigênito, que está no seio do Pai, esse o deu a conhecer." (João 1:18).

[59] "Depois apareceu o Senhor a Abraão junto aos carvalhos de Manre, estando ele sentado à porta da tenda, no maior calor do dia. Levantando Abraão os olhos, olhou e eis três homens de pé em frente dele. Quando os viu, correu da porta da tenda ao seu encontro, e prostrou-se em terra, e disse: Meu Senhor, se agora tenho achado graça aos teus olhos, rogo-te que não passes de teu servo." (Gênesis 18:1-3).

2 – Natureza de Deus

Deus é por sua essência espírito, porém possui algumas características que conduzem sua forma de agir, sua natureza. São características especiais e não privativas do divino, por vezes conhecidas por *atributos morais*. Tais características apresentam uma face divina que representa o anseio do homem em relação ao Deus. Essas características demonstram que Ele tem cuidado e atitude em relação aos homens de modo relevante, principalmente, para padrões humanos. Cabe ressaltar que tais características podem se apresentar nos humanos como encontramos nas Escrituras.

Essas características especiais são:

- amabilidade;
- bem-aventurança;
- luminosidade;
- santidade.

Amabilidade

Aquele que não ama não conhece a Deus; porque Deus é amor.

(*1ª João 4:8*)

Quando consideramos Deus como sendo amor, entenderemos facilmente sua atuação para com os seres humanos. Em virtude do amor, Deus possui uma atitude essencial para com a nossa existência, uma vez que o amor conduz sua atuação ao longo da nossa história. O amor entra, nesse caso, não como um material constituinte da essência divina, mas como um fator determinante de sua natureza.

O amor divino é largamente alardeado na Bíblia. Deus faz questão de falar e demonstrar ao homem o quanto essa característica é importante para Si. Seu cuidado ao longo da história para com os homens também atestam essa evidência.

O amor é expresso de várias formas. Podemos facilmente perceber que existem tipos distintos de amor. Exite um primeiro que podemos denominar de passional. É o amor sentido com forte intensidade entre pessoas de sexo diferentes e que desejam relacionar-se como um casal. É um amor carnal.

Paixão. É o sentimento que nos faz ficar ruborizados, suados, arrepiados, com o coração acelerado, entre outros. Por ser efêmero, é passageiro. Logo se desvanece. Torna-se fortalecido ou simplesmente desaparece. Caso venha se fortalecer atinge um outro nível, a qual podemos denominar amor fraternal. Esse segundo tipo já demonstra sinais sacrificiais. Podemos percebê-lo nas relações de parentesco, tais como mães e filhos, irmãos e cônjuges. Esse amor não provoca as mesmas reações físicas que o amor passional, porém é um amor que provoca o sentimento de perda, de falta. A pessoa tomada por esse amor sente a real necessidade de estar próximo da pessoa amada. É capaz de suportar falhas no amado, aproxima-se do amor como registrado nas palavras do Apóstolo Paulo em 1ª Coríntios 13. O terceiro tipo de amor é o amor demonstrado por Deus. É o amor perfeito. É o que atende a todos os requisitos apresentado no capítulo 13 da primeira carta de Paulo aos Coríntios. Esse amor é sacrificial. É um amor que dá ao invés de pedir, ou mesmo receber. Esse tipo de amor não é privativo de Deus. Ao homem é dado a capacidade de experimentar esse amor. Entretanto, não é algo que percebemos de modo corriqueiro na humanidade. Nosso amor não é perfeito e geralmente, equivocadamente, o associamos às reações físicas que ocorrem por meio do amor passional. Imaginando existir apenas e tão somente esse tipo de amor.

Philip Yancey, em seu livro *O Deus (in)visível,* de 2001, apresenta um conceito de amor muito interessante ao afirmar que o amor é uma decisão e não um sentimento. Sua argumentação baseia-se no fato de que uma decisão pessoal faz com que as ações do homem cumpram as determinações a respeito do amor contida em 1ª Coríntios 13. Pensando dessa forma, observamos que amar alguém não depende de reações físicas como geralmente desejamos ter e, sim, de um compromisso pessoal com o ato de amar. Analogamente, amar a Deus é um ato de vontade e não fruto de experiências místicas, geralmente associados a reações físicas e emocionais.

Perceber que Deus é amor, para nós, é muito importante. É destacável que o amor é o alicerce do relacionamento existente entre Deus e os homens. Embora não ofereçamos a Deus um amor pleno, a reação divina não é a mesma. Deus não retribui na mesma medida. Deus se relaciona conosco com amor, independentemente das nossas atitudes e das nossas reações às ações d´Ele. Para nós o amor incondicional deveria soar como algo constrangedor. Como um ser perfeitíssimo pode me amar e minha contrapartida a Ele ser, quando muito, sofrível? Falamos sobre, cantamos sobre e pedimos amor, mas nunca procuramos, sinceramente, dar amor. Não

QUEM DEUS É?

nos damos a nós mesmos, não nos doamos ao próximo e, principalmente, não nos oferecemos plenamente a Deus! Estou errado?

Bem-aventurança

A qual a seu tempo mostrará o bem-aventurado, e único poderoso Senhor,

Rei dos reis e Senhor dos senhores;

(1ª Timóteo 6:15)

Por bem-aventurança entendemos felicidade, ou seja, um ser bem-aventurado é um ser feliz. Evidentemente, Deus é um ser plenamente feliz. Isso porque dentro da Trindade seus perfeitos atributos são experimentados em sua plenitude. Logo, o relacionamento de troca mútua entre as pessoas da Trindade ocorre de modo que a felicidade ou bem-aventurança é característica da relação intratrinitária. Essa característica divina é interessante, pois nada que ocorra é capaz de alterar sua bem-aventurança. Nenhuma ação humana, por exemplo, é capaz de infringir algum tipo de dano à felicidade divina, nem mesmo os pecados! Deus em sua plenitude está imune a qualquer ato ou omissão do homem. Não são os cânticos, ou cultos, ou orações que tornam Deus feliz! Ele já o é perfeitamente.

Ter um ser bem-aventurado é um aio particularmente especial para os humanos. A necessidade e o anseio por felicidade é algo característico em todos os seres humanos. A busca incessante por felicidade, por vezes mal entendida como prazer particularmente físico, tem gerado vários problemas de ordem econômica, emocional, psicológica e espiritual no homem. Deus por ser bem-aventurado apresenta-se como a fonte da felicidade. Função de sua plenitude, observamos que apenas e tão somente por intermédio divino conseguiremos alçar à felicidade tão almejada. Por conseguinte, somente Deus é o ser capaz de nos proporcionar a felicidade. Assim, percebemos que a bem-aventurança ou felicidade é possível quando sabemos o meio pelo qual iremos obtê-la.

A natureza de Deus expressa pela sua bem-aventurança nos intriga porque usualmente tentamos impor a Deus pensamentos humanos quando deveríamos aquiescer diante de tamanha majestade.

Luminosidade

E esta é a mensagem que dele ouvimos, e vos anunciamos:

que Deus é luz, e nele não há trevas nenhumas.

(1ª João 1:5)

Ao constatarmos a natureza luminosa do divino, entendemos que esse ser encontra-se numa posição tão sublime, que sua presença é suficiente para demonstrar ao homem sua total ineficácia e, até mesmo, dependência. Como não há trevas, ou mesmo sombra, em Deus, compreendemos que Ele não possui problemas psicológicos, ou seja, Deus não é disposto a conflitos pessoais sobre seu comportamento ou pensamento ou mesmo forma de ser.

Deus não se encontra sob a ameaça de ter seu andar desviado para um lado ou outro porque seus passos são o próprio caminho. A luminosidade é componente da natureza divina, pois tem a ver com Sua constituição, com Sua natureza.

A luz tem sido empregado pelo ser humano como um arquétipo de perfeição de propósitos, dessa maneira podemos inferir que tal perfeição só é possível na constância do andar com Deus, o próprio caminho. A humanidade apenas consegue trilhar os caminhos corretos se tais vias estiverem iluminadas a sua frente, caso contrário seu andar desviará para direita ou esquerda.

Deus tem condições plenas de atuar e agir de forma luminosa. Cabe, entretanto, ao homem observar que os desígnios divinos são isentos de erro, ou são eivados de perfeição. Os designíos divinos viabilizam aos demais seres da criação atingir o padrão desejado por Ele. O próprio Deus ilumina a direção dos que desejam encontrar-se com Ele.

Santidade

Exaltai o Senhor nosso Deus e adorai-o no seu santo monte,

porque o Senhor nosso Deus é santo.

(Salmo 99:9)

A santidade é uma virtude que está intimamente ligada ao princípio da perfeição. Deus por ser santo coloca-se frente ao homem em dois aspectos distintos: por meio de uma santidade pessoal intrínseca ou de uma santidade exteriorizável.

Pessoalmente a santidade divina tem a ver com a disposição de Deus em manter sua excelência moral, ou seja, manter-se perfeito independentemente das ações e situações provocadas pela humanidade. Deus apresenta-se como um ser puro e sem máculas que se aborrece completamente em virtude de toda e qualquer atitude agressiva à sua pureza, incluindo as ações humanas. É amor ao bem[60].

Externamente concluimos que Deus encontra-se separado de tudo o que conhecemos como mal, ou seja, o mal não procede de Deus, antes pelo contrário, mal é o caminhar contrário aos propósitos divinos[61]. Fazemos mal quando não acatamos as determinações de Deus[62]. É o ódio ao mal da parte de Deus. O mal, por si só, não existe como uma substância ou algo. Na realidade, o mal é uma privação do bem.

Deus, em consequência dessa característica, exige a mesma pureza moral em suas criaturas[63], logo o interesse divino em relação a suas criaturas encontra uma razão de existir. O homem com suas atitudes agride ao divino.

Ao longo das páginas bíblicas a santidade divina mostra-se evidente e continuamente enaltecida, assim como a necessidade humana de aproximar-se das virtudes intrínsecas a Deus.

O homem foi criado para ser santo. Tal santidade humana é um imperativo[64]. A humanidade não é um empecilho à santidade, logo, o que observamos nas diversas tragédias do dia a dia – assassinatos, roubos etc. – são apenas a expressão da carnalidade humana em seu mais alto grau. O uso inadequado do livre-arbítrio viabiliza todas as mazelas da sociedade, pois priorizamos o saciar dos nossos instintos carnais em detrimento de uma plena satisfação interior. Muitas vezes não desejamos sequer sermos santos.

Não compreendemos que a santidade é essencial para a existência de uma vida feliz. Geralmente, associamos a felicidade às ações físicas; procuramos erroneamente os prazeres do mundo. Esquecemo-nos de que a fonte de felicidade – Deus – é presente; muito próximo a nós, talvez já habite em nós.

---

[60] "[...] mas as vossas iniqüidades fazem separação entre vós e o vosso Deus; e os vossos pecados esconderam o seu rosto de vós, de modo que não vos ouça." (Isaías 59:2).

[61] "O caminho do ímpio é abominável ao Senhor; mas ele ama ao que segue a justiça." (Provérbios 15:9).

[62] "O temor do Senhor é odiar o mal; a soberba, e a arrogância, e o mau caminho, e a boca perversa, eu os odeio." (Provérbios 8:13).

[63] "Porque eu sou o Senhor vosso Deus; portanto santificai-vos, e sede santos, porque eu sou santo; ..." (Levítico 11:44).

[64] "Portanto santificai-vos, e sede santos, pois eu sou o Senhor vosso Deus." (Levítico 20:7).

3 – Comunicabilidade das perfeições

A natureza de Deus consiste em perfeições comunicáveis ao homem. Não podemos ser como Deus é. Ele reservou para si algumas perfeições e estas são de caráter exclusivo d´Ele, porém somos semelhante em alguns aspectos. A nós só nos resta procurar avançar em nosso conhecimento do que significam tais perfeições e como estas são utilizadas por Deus para com a sua interação com o mundo criado e como nós, individualmente, podemos aplicá-las a nossa vida cotidiana.

Saber que nesse aspecto podemos ser iguais a Deus é maravilhoso. Nossa atitude deve ser de glorificação pela oportunidade dada por Ele. Em contrapartida nos traz a mente que nossa vida não deve ser vivida como a desejamos, mas sim de acordo com aspectos que nos foram transmitidos por Deus por intermédio de sua imagem e da sua semelhança. Nossa vida deve procurar apresentar as perfeições da natureza divina de forma contínua e eficaz.

VI

PROPRIEDADES E ATRIBUTOS ESPECIAIS DA PESSOA DE DEUS

À inefável majestade de Deus não se aplica nenhuma palavra.

(Agostinho)

1 – Propriedades

Compreendemos por propriedades divinas características que lhe são exclusivas. Tais características não denotam poder, presença ou mesmo conhecimento da divindade, porém atestam que a ela não é limitada por conceitos tipicamente humanos ou físicos. Essas características são:

- adorabilidade;
- atemporalidade;
- eternidade;
- glória;
- imanência;
- imutabilidade;
- infinidade;
- liberdade;
- majestade;
- soberania.

Adorabilidade

Respondeu-lhe Jesus: Está escrito:
Ao Senhor teu Deus adorarás, e só a ele servirás.

(Lucas 4:8)

Todos, sem exceção, reconhecem a adorabilidade de Deus. Todos sabem que o divino é digno de receber adoração. Mas não é apenas digno de recebê-la. Como encontra-se entre as propriedades divinas, a adorabilidade é exclusiva. Apenas Deus pode ser adorado (monoteísmo[65]).

Embora seja de fácil compreensão, é de difícil execução. Geralmente compreendemos e aceitamos facilmente a necessidade que possuimos de adorar a Deus, porém somos incapazes de identificar uma pessoa que é capaz de adorar a Deus com toda a plenitude da palavra. Adoramos em momentos especiais, adoramos em locais especiais e adoramos em circunstâncias especiais, mas não o adoramos como Ele deseja. Integralmente e ininterruptamente! Deus deseja de nós uma simples coisa: intimidade! Deus quer ser íntimo conosco, Ele deseja que nós procuremos nos integrar por completo a Ele.

A atitude de adoração deve ser plena. Não podemos desviar o foco de nossa adoração por qualquer motivo ou para qualquer outra entidade que não aquela dirigida unicamente a Deus. Por vezes criamos uma imagem própria da divindade que não coaduna com a realidade. Nesse momento, estamos correndo sérios riscos de estar dirigindo nossa adoração a um ser inexistente, mesmo que o chamemos de Deus. Não há a menor possibilidade de, por nosso próprios esforços, criarmos uma imagem de Deus, nem em pensamento. Só temos acesso ao ser de Deus por aquilo que Ele próprio nos revelou. Deus não é um gênio da lâmpada pronto para atender todos os nossos desejos. Ele é, sim, o ser único que nos criou e é o único digno de adoração.

---

[65] "Uma religião que crê num único Deus, considerando todas as outras divindades como ídolos sem consistência" Definição por Maria Clara Bingemer. Disponível em: http://amaivos.uol.com.br/templates/amaivos/noticia/noticia.asp?cod_noticia=3860&cod_canal=44. Acesso em: 16 maio 2005.

Atemporalidade

Porque mil anos aos teus olhos são como o dia de ontem que passou,
e como uma vigília da noite.

(Salmo 90:4)

Com o conceito da atemporalidade entendemos que Deus não está limitado à contagem de tempo conforme usualmente conhecemos e utilizamos. Deus não possui idade como os homens as tem. Mais que a própria condição de desenvolvimento temporal, Deus não está preso ao nosso tempo cronológico, ou seja, a divindade tanto está no nosso nascimento como está na nossa morte física. Acrescentando, ainda a esse conceito, afirmamos que Deus está continuamente nesses dois momentos pessoais, mesmo que um deles (a morte) não tenha ocorrido para nós. Obviamente esse conceito não se restringe a nossa pessoa, mas a todas as criaturas existentes desde a fundação do mundo até o seu fim e até o estabelecimento do reino espiritual nos céus. Como bem frisou C. S. Lewis, "Todos os dias são *agora* aos olhos de Deus"[66], ou seja, todos os momentos da história são um eterno presente diante de Deus.

É interessante observar que o fato de Deus não estar enclausurado no tempo cronológico, como nós, deve-se simplesmente porque o próprio Deus foi o criador do tempo. O tempo foi criado juntamente ao espaço físico que nos cerca, como bem compreendeu Bernard Piettre ao afirmar que "Ele (Deus) não existiu durante um tempo infinito antes de decidir-se "um dia", criar o mundo; [...], Ele criou o tempo com o mundo."[67]

A atemporalidade é importante pois nos permite observar que, sendo Deus um ser atemporal, Ele não está sujeito a modificações ou alterações cronológicas. Resumindo, Deus não é um ser em evolução. Logo, podemos confiar que o que apreendemos da divindade é válida hoje como o foi no passado e o será no futuro. Sob a égide do tempo cronológico, Deus é imutável.

---

[66] LEWIS, C. S. *Cristianismo puro e simples*. São Paulo: Martins Fontes, 2005, p. 227, grifo meu.

[67] PIETTRE, Bernard. *Filosofia e ciência do tempo*. Bauru: EDUSC, 1997, p. 204.

Eternidade

Não sabes, não ouviste que o eterno Deus, o Senhor, o Criador dos confins da terra, não se cansa nem se fatiga? É inescrutável o seu entendimento.

(Isaías 40:28)

A eternidade é uma característica divina que não gera grandes conflitos pessoais, pois todos os que creem na existência divina o tem como um ser eterno. Cabe ressaltar, apenas, que Deus sendo eterno não possui uma finitude temporal, ou seja, está fora do alcance da marcha do tempo e sua consequente ação. Em outras palavras, Deus não está envelhecendo como os homens, tampouco está morrendo ou mesmo cumprindo um período de tempo "no comando" até passar o bastão para um novo responsável.

A existência divina é eterna, assim como sua atuação e propósitos. Pela eternidade entendemos também que Deus não é passível de mudança, pois não há variações em seu ser. Não há a divisão entre passado, presente e futuro para Deus, como ocorre para os mortais. Deus está acima dessa divisão, Ele está além dessa divisão. O tempo cronológico para Ele possui uma única forma de apresentação, ou seja, presente. Para Deus tudo é presente, nosso nascimento, nosso momento atual e nossa morte. Mais que isso, ao longo da história é presente para Deus a criação do universo, o pecado do homem, o nascimento e morte de Jesus Cristo, o retorno de Jesus e o que será para a humanidade o fim dos tempos.

A eternidade é diferente da imortalidade[68]. Na primeira não existe princípio nem fim, em contrapartida, a imortalidade pressupõe um princípio (criação), porém não existe um fim da vida. Dessa forma, podemos dizer que o homem possui um espírito imortal, quando afirmamos que este nasce, vive e morre fisicamente, porém seu espírito viverá para sempre, ou seja, não deixará de existir, seja no céu ou no inferno.

---

[68] Definição segundo dicionário Aurélio Ferreira (1986): qualidade atribuída à alma humana, pela qual esta sobrevive indefinidamente à morte, conservando suas características individuais.

Glória

Eu sou o Senhor; este é o meu nome; a minha glória, pois,

a outrem não a darei, nem o meu louvor às imagens esculpidas.

(Isaías 42:8)

A glória é um termo muito utilizados nas igrejas, porém poucos entendem o seu significado. É na realidade uma das características de Deus. A glória é veementemente guardada por Deus. Ele não a empresta tampouco entrega ou dá a qualquer que seja. Curioso notar que muitos homens desejam glória pelos seus feitos pessoais. Dando, dessa forma, uma conotação diferente àquela dada por Deus. Logo, faz-se necessário distinguir bem o termo em questão.

A humanidade considera a glória como o reconhecimento face a atos realizados dignos de serem destacados. É algo efêmero, porém muito ansiado por seres humanos que veem na sua própria glória a razão, por vezes, do viver. Geralmente está associado a feitos heroicos e serviços prestados à humanidade, às artes, à ciência, entre outros.

E a glória de Deus? O que significa?

Segundo Norman Geisler, o termo glória se refere à manifestação e a irradiação da essência eterna e imutável de Deus[69], com o qual concordamos plenamente. Diante dessa breve definição, podemos verificar que glória é um termo ambíguo, não possui o mesmo significado para Deus como o possui para nós, seres humanos. Os vocábulos manifestação e irradiação são extremamente importantes na definição utilizada e demonstram de forma clara e precisa uma expressão, uma revelação, uma transmissão por parte da divindade de sua essência. Pode-se inferir, facilmente, que trata-se de algo espantoso, indescritível, como pode ser observado em diversas passagens das Escrituras Sagradas (ie, Ex 24:17, Ex 34:29-30, Is 6:3-5, At 22:6; 11), quando esta relata encontros de seres humanos, como nós, com a glória de Deus.

Obviamente também podemos glorificar a Deus utilizando o termo com o mesmo valor que o usamos normalmente para nos referir a homens. Nesse ponto, é mister identificar qual o significado do termo está se utilizando, pois é importante a correta compreensão do mesmo para evitar erros na interpretação de textos e na própria locução da palavra.

---

[69] GEISLER, Norman. *Eleitos, mas livres.* São Paulo: Vida, 1999, p. 274.

A glória divina é algo que nós – seres humanos – podemos ter o privilégio de experienciarmos. Quando vimos ou sentimos a presença de Deus, na realidade, estamos observando a glória de Deus manisfestada. Cada um de nós, individualmente, pode ter contato direto com a glória divina; precisamos apenas de santidade!

Imanência

> *[...] para que buscassem a Deus, se porventura, tateando, o pudessem achar,*
>
> *o qual, todavia, não está longe de cada um de nós; porque nele vivemos, e nos movemos, e existimos; como também alguns dos vossos poetas disseram:*
>
> *Pois dele também somos geração.*
>
> *(Atos 17:27,28)*

A imanência é um conceito muito importante, sua correta interpretação é primordial para a construção de ideias adequadas a respeito da divindade. Nessa propriedade identificamos que Deus está presente em tudo. Observe bem o termo empregado: "está presente". Não significa, em hipótese alguma, que "Deus seja" tudo. O panteísmo é uma cosmovisão que traz a ideia que tudo é Deus. Esse conceito último é conflitante com os ensinos bíblicos, também é conflitante com a lógica formal, pois pressupõem argumentos incongruentes. Se Deus fosse tudo, Ele estaria em conflito consigo mesmo. Pois ações antagônicas estariam atuando sobre si mesmo. Por exemplo, basta imaginar o caso de um homicida; o assassino e a vítima seriam uma atuação antagônica da divindade. Como a divindade seria capaz de matar a si mesmo?

Podemos, visando criar uma imagem, imaginar um quadro em que todo o universo estivesse mergulhado no ser de Deus. Teríamos, nesse caso, a representação visual da imanência. De acordo com o texto bíblico, observamos que a imanência é responsável pela sustenção da vida humana. É pela livre escolha do divino que Ele nos mantém vivos e móveis.

Perceber que Deus é imanente nos traz à mente que Ele está integralmente dentro de nós. Deus está em nossa mente, em nosso coração, em suma, Deus está em nosso corpo. Não é apenas uma parte de Deus; é

Deus em sua totalidade enquanto ser. Daí decorre que a nossa adoração e a nossa devoção podem ser dirigidas a Deus em todo lugar, posto que Ele está em nós. Posso adorá-lo em silêncio; posso adorá-lo com minha vida; posso adorá-lo continuamente.

Imutabilidade

Pois eu, o Senhor, não mudo; por isso vós, ó filhos de Jacó, não sois consumidos.

(Malaquias 3:6)

Deus não muda! Essa é uma afirmativa muito comum em nossos dias e ao longo de toda a história humana. O conceito do homem de que Deus é imutável está muito bem estabelecido em seu entendimento. Porém, não se entende corretamente o que significa ser imutável.

A imutabilidade não significa imobilidade[70]. É um erro grosseiro pensar que Deus não seja capaz de se mover, embora sejam pensamentos existentes na humanidade. A imutabilidade pode ser bem compreendida por impassibilidade. Em verdade, Deus é impassível, ou seja, não pode ser afetado por causas externas. Deus permanece o mesmo independentemente do que venha acontecer. Deus age, mas não de modo passional; seu agir é fruto tão somente de seus atributos e da sua vontade.

Imutabilidade significa que Deus não altera sua forma de ser e agir[71] independente das situações ou solicitações feitas. Uma vez estabelecido os procedimentos ao longo da história, Deus não o muda. Muitos poderiam confundir a imutabilidade como se fosse o destino escrito para os homens. Não é verdade! Na criação do mundo, Deus, por intermédio de um atributo especial – a onisciência – visualizou todos os passos que todos os homens dariam. Logo, esse provável destino já é de conhecimento da divindade e não estabelecido por Ele. Deus encontra-se fora do tempo cronológico. Ele observa toda a história de um ponto de vista exterior a ela. Logo, Deus vê toda a história do mundo de uma só vez e eternamente. A divindade vê nosso futuro como algo presente desde antes da criação.

---

[70] "Eu sou Deus; também de hoje em diante, eu o sou; e ninguém há que possa fazer escapar das minhas mãos; operando eu, quem impedirá?" (Isaías 43:13).

[71] "O conselho do Senhor permanece para sempre, e os intentos do seu coração por todas as gerações." (Salmo 33:11).

Diante desses aspectos, a imutabilidade pode ser analisada pela forma pessoal ou atuante de Deus. Pessoalmente, entendemos que suas características são imutáveis, logo tudo o que encontra-se sendo analisado continua válido independentemente da época em que foram reveladas e, consequentemente, escritas ou tenham sido lidas e estudadas pelos homens. Quando a óptica de análise é a atuação divina, vislumbramos que Deus não altera sua ação independentemente do homem fazer ou não sua vontade. Deus estabelece regras ou normas e estas permanecem indefinidamente, não são revogadas justamente porque são perfeitas. É uma manifestação de seu ser.

A convicção da imutabilidade divina traz para nós uma tranquilidade formidável. Ao saber que Deus não muda em seus propósitos e decisões, temos a certeza de que os demais aspectos relativos à divindade são uma constante na pessoa de Deus e também o é em relação a nossa própria pessoa. Assim como as características divinas não mudam, a atitude de Deus em relação a nós também não muda! Isso é maravilhoso e ao mesmo tempo assombroso! É maravilhoso porque podemos ter a convicção de que Deus sempre estará ao nosso lado, acompanhando-nos. Assombroso porque Deus não aceita nossas justificativas infundadas para pecar. Perdoar, sim! Aceitar o pecado, jamais! Essa é a posição de Deus frente às nossas atitudes.

Infinidade

Grande é o Senhor, e mui digno de ser louvado; e a sua grandeza é insondável.

(Salmo 145:3)

A infinidade divina deve ser compreendida muito bem, pois pode ser confundida com ensinamentos panteísticos. Particularmente, consideramos a infinidade divina como a concepção de que Deus é imenso, grande[72] ou majestoso[73]. E considerar Deus imenso, significa dizer que Ele transcende todas as limitações espaciais[74]. Entendemos a imensidão como intensiva e não extensiva, isto é, não significa extensão ilimitada no espaço, como no panteísmo, e sim, transcendente no espaço e fora dele[75].

---

[72] "Eis que Deus é grande, e nós não o conhecemos, e o número dos seus anos não se pode esquadrinhar." (Jó 36:26).

[73] "Glorioso és tu, mais majestoso do que os montes eternos." (Salmo 75:4).

[74] "Mas, na verdade, habitaria Deus na terra? Eis que o céu, e até o céu dos céus, não te podem conter; quanto menos esta casa que edifiquei!" (1° Reis 8:27).

[75] "Esconder-se-ia alguém em esconderijos, de modo que eu não o veja? diz o Senhor. Porventura não encho eu o céu e a terra? diz o Senhor." (Jeremias 23:24).

Na realidade, a infinidade nos garante que Deus é isento de limites. Diante dessa propriedade todas as tentativas de se compreender Deus são meras especulações filosóficas ou teológicas. Podemos descrever, obviamente observando as limitações de nossa linguagem, características divinas como nos propomos no presente trabalho, porém não alcançamos todo o significado das palavras empregadas. Na verdade, o significado das palavras e conceitos que empregamos para Deus tem seu valor significativo aumentado sobremaneira de forma que, como seres humanos, não conseguimos entender-lhe o valor. Como bem frisou Agostinho, ao dizer que compreender Deus é absolutamente impossível. Deus não é um objeto, é uma pessoa, por isso não pode ser concebido pelo rigor da objetividade. Não pode ser quantificado.

Embora Deus seja um ser infinito a experiência pessoal com determinados aspectos da divindade é possível. Podemos conhecer particularidades de Deus, porém não o conheceremos em sua totalidade nem a perfeição de suas características. O relacionamento com Deus é individual, logo as experiências que temos serão diferentes daquelas que outras pessoas porventura tiveram ou venham a ter. Serão diferente mas, cabe ressaltar, que jamais serão conflitantes, haja vista que Deus é um ser único. Serão, tão somente, experiências distintas de um mesmo ser – Deus.

Liberdade

> *Eu sou Deus; também de hoje em diante, eu o sou; e ninguém há que possa fazer escapar das minhas mãos; operando eu, quem impedirá?*

> *(Isaías 43:13)*

Quando observamos a liberdade divina, vemos que Deus é um ser não sujeito a qualquer inferência externa. Desse modo, o agir divino não pode ser suplantado ou mesmo impedido. Deus é, em outras palavras, absoluto. Deus não possui vínculos. Deus é inteiramente independente de todas as coisas. Não está sujeito a ninguém, não pode ser instrumentalizado por ninguém. Toda e qualquer possibilidade de alteração dos passos divinos, por intermédio de uma ocupação exterior, são preenchidos pelo próprio Deus, logo não há como se moldar as ações d'Ele.

A liberdade conforme bem descrito por Battista Mondin, pode ser positiva ou negativa. Positiva se significar soberania ou senhorio e negativa quando significa ausência de constrangimento. Em ambos os casos Deus é livre. Pela análise negativa apenas o espírito é livre e já observamos que Deus é espírito, mais ainda, Deus é espírito absoluto. A matéria não é livre, mas o espírito é. Positivamente, Deus é absoluto, logo não está sujeito a nenhum condicionamento. Possui senhorio ou soberania do seu próprio ser e também das demais criaturas.

Conforme observado por Battista Mondin:

> A "liberdade" é sempre efusão de ser. Não que a liberdade gere o ser, como pretenderam os idealistas e os existencialistas, pois isso é absurdo. A liberdade não precede o ser, como não precede o espírito; antes, os acompanha e acompanha sobretudo aquele ser (Deus) que sendo totalmente ser é também totalmente espírito.[76]

Nós também podemos ser livres, não no mesmo sentido em que Deus o é. Somos livres para exercer escolhas (livre-arbítrio). Porém, esse exercício não nos torna seres autônomos – autossuficiente como Deus o é. Embora livres continuamos dependentes da presença de Deus, sem a qual não usufruiremos da liberdade que Ele nos proporciona[77], uma vez que sem Ele permaneceríamos agrilhoados pelo pecado.

Majestade

Louvor e majestade há diante dele, força e alegria no seu lugar.

(1º Crônicas 16:27)

Quando se ouve a palavra majestade imagina-se rapidamente a figura de um rei. Seu domínio sobre uma região, sobre seus súditos e o exercício da função monárquica. Com o atributo divino procede-se de modo similar. Entendemos a majestade divina como o atributo no qual se refere a pessoas de Deus como a que domina ou possui eminência sobre toda a criação; seja ela física ou espiritual.

Geralmente, associamos a majestade com poder e glória. Assim, é possível identificar um ser majestoso em função do que ele apresenta. Deus

---

[76] MONDIN, 1997, p. 311.

[77] "[...] e conhecereis a verdade, e a verdade vos libertará." (João 8:32).

apresenta suas credenciais pela criação. Com certeza a criação física nos é mais próxima em função da nossa condição existencial. Observar toda a criação física demonstra que seu autor possui uma capacidade criativa e poder imensurável. Mais que isso, ao ser o Criador, este possui um domínio sobre a criação que é total. Logo, o Criador reina sobre a criação.

Considerando a extensão do universo criado, com sua complexidade e variedade, e o domínio exercido por Deus nessa criação, tem-se um vislumbre sobre a majestade divina. O alcance do seu poder e a extensão de seus domínios é incomparável! Na realidade são absolutos, pois todo o domínio lhe é independente, ou seja, não foi outorgado a Ele ou entregue por alguém ou, ainda, obtido a força. Na realidade, é meramente reflexo de sua majestade.

Soberania

> *Mas, nos dias desses reis, o Deus do céu suscitará um reino que não será jamais destruído; nem passará a soberania deste reino a outro povo; mas esmiuçará e consumirá todos esses reinos, e subsistirá para sempre.*
>
> *(Daniel 2:44)*

"Deus é soberano!": cantam seus filhos em diversos hinos e canções. Essa propriedade é muito bem observada e proclamada por teólogos e pelas pessoas que são conhecidas como filhos de Deus. Realmente, por ser soberano Deus está acima de qualquer coisa ou pessoa. Deus não tem a necessidade de solicitar ou pedir autorização a ninguém para fazer ou deixar de fazer determinada coisa. Quando Deus deseja, simplesmente realiza seu intento como lhe aprouver. Não há exceções, embora Deus haja, por vezes, movido por solicitações de terceiros[78]. Realizar o desejo de outros não retira de Si a soberania e sim demonstra apenas outras facetas de suas características (amor, compaixão, misericórdia etc.).

A soberania não significa apenas autoridade, e sim, uma ampliação da mesma. O fato da divindade ser soberana nos traz a mente que Deus detém o poder supremo, ou seja, não há restrições nem neutralizações possíveis a sua atuação. Fato a ser notado é que Deus não a concede a terceiros.

---

[78] "Pedí, e dar-se-vos-á; buscai, e achareis; batei e abrir-se-vos-á. Pois todo o que pede, recebe; e quem busca, acha; e ao que bate, abrir-se-lhe-á. Ou qual dentre vós é o homem que, se seu filho lhe pedir pão, lhe dará uma pedra? Ou, se lhe pedir peixe, lhe dará uma serpente? Se vós, pois, sendo maus, sabeis dar boas dádivas a vossos filhos, quanto mais vosso Pai, que está nos céus, dará boas coisas aos que lhas pedirem?" (Mateus 7:7-11).

O livre-arbítrio do homem não é incompatível com a soberania de Deus. Ele, no uso da soberania, concedeu ao homem o livre-arbítrio. Nossos pensamentos não necessariamente são concretizados em ações. Nada do que desejamos fazer será realizado caso não seja da vontade permissiva do Criador. Aí encontra-se a soberania! De nada adiantará termos desejos outros, porque sua execução física somente será possível se, e somente se, Deus o permita. De outro modo, o livre-arbítrio existe e como tal, os pensamentos e desejos humanos são essenciais para o julgamento do Criador, porém a concretização dos nossos pensamentos em ações são, por sua vez, condicionadas à autorização divina.

2 – Atributos especiais

> *Porquanto, o que de Deus se pode conhecer, neles se manifesta, porque Deus lho manifestou. Pois os seus atributos invisíveis, o seu eterno poder e divindade, são claramente vistos desde a criação do mundo, sendo percebidos mediante as coisas criadas, de modo que eles são inescusáveis;*
>
> *(Romanos 1:19-20)*

Os atributos especiais divinos são as características mais conhecidas e mais propagadas pelos teólogos. Convém ressaltar que são as características que particularmente julgo serem mais intrigantes sob o ponto de vista da curiosidade humana. São exatamente as três abaixo:

- onipotência;

- onipresença;

- onisciência.

Sobre essa tríade muito se discute e muito se alardea. Não são as mais importantes. Deus, sendo um ser pleno e perfeito, não possui graduações de valor em suas características, logo é incorreto dizer que a onipotência tenha mais valor que a amabilidade, por exemplo. Assim como observamos todas as demais características, desenvolvidas ou não neste trabalho, são igualmente relevantes para o conhecimento humano e igualmente valoradas na pessoa augusta de Deus. A possível escala de valores que colocamos as características divinas são na verdade reflexos dos nossos pensamentos e dos nossos valores pessoais, que nada tem a ver com o valor real de cada uma delas.

Onipotência

Mais que o ruído das grandes águas, mais que as vagas estrondosas do mar, poderoso é o Senhor nas alturas.

(Salmo 93:4)

A onipotência foi, talvez, o primeiro atributo pelo qual Deus se fez conhecido. Tem a ver com a condição de que nada Lhe é impossível. É o poder ilimitado. Devido a esse fato foi amplamente apresentada nos primórdios da humanidade, pois pela pouca capacidade humana de acatar os ensinos e preceitos divinos foi mister que Deus realizasse atos e ações que mostrassem ao homem sua grande capacidade e, principalmente, poder.

A onipotência é apresentada por duas maneiras ou formas de apresentação:

- poder absoluto;
- poder ordenado.

Com todo o poder, Deus se coloca numa situação de supremacia, haja vista que nada poderá atingi-lo ou mesmo feri-lo, pois qualquer que seja a ação praticada não terá força para submetê-Lo, qualquer que seja o agente responsável pelo ato.

A relação de poder que Deus possui para com o universo é plena; é absoluta. Deus não se subjuga a ninguém e a nada. Não há leis físicas ou químicas que possam alterar a vontade divina, Seu poder suplanta todo tipo de possíveis restrições. Em outras palavras, Deus tem poder para se desvencilhar de toda e qualquer restrição que conhecemos, tais como a morte, lei da gravidade, lei da gravitação universal, as leis de Newton, lei da conservação da energia, lei do aumento da entropia, entre outras. As desconhecidas ao homem, também não Lhe impõem restrições.

Humanamente falando, a onipotência divina é bem vista, pois o homem tende a buscar Deus em seus momentos mais difíceis e, nesse caso, procura por alguém que possa livrá-lo dos problemas ou sofrimentos.

Quando analisamos a onipotência devemos ter o cuidado de compreender que Deus pode fazer uso dela, porém não a utiliza ferindo o livre-arbítrio do homem. Deus poderia dizer: "Quero que todos os homens sejam bons e não cometam mais nenhum pecado". Essa assertiva, caso proferida por Deus, ocorreria imediatamente e todo o ser humano teria sua vida alterada profundamente. Porém, essa frase não foi dita e nunca o será, porque Deus como um ser justo e fiel cumpre sua palavra integralmente. Deus ao conceder o livre-arbítrio, pelo seu poder soberano, deixou as escolhas para o próprio homem.

O livre-arbítrio do homem é uma restrição à onipotência de Deus? Obviamente não! Deus em sua soberania e poder concedeu ao homem o livre-arbítrio, como observamos anteriormente ao analisarmos a soberania divina. Nada que o homem possa desejar fazer será realizado caso não seja da vontade do Criador. O poder d'Ele nos garante isso. O livre-arbítrio humano existe e é essencial para o julgamento divino, não para estabelecer uma capacidade de poder. Podemos visualizar a relação de onipotência divina para com os homens a partir da seguinte expressão: Deus pode todas as coisas, inclusive pode deixar o homem seguir seus próprios caminhos; Deus deixou.

Observamos, então, que as restrições que podem ocorrer com as ações e o poder divino estão subordinadas apenas a Ele próprio, ou seja, a Sua própria palavra somente. Deus só age para fazer aquilo que é digno d'Ele.

O poder ordenado tem a ver com as determinações divinas, ou seja, as formas de apresentação do universo. Tais determinações são conhecidas por leis físicas e químicas. Podemos compreender facilmente esse poder, quando visualizamos a imposição com que a lei da gravidade age sobre todos os corpos materiais existentes no universo. Em outras palavras, Deus estabeleceu regras e leis, os quais nenhuma criatura ou objeto da criação pode se abster de respeitar.

Convém ressaltar que a onipotência não abrange apenas aspectos materiais e humanos ou terrenos, mas contempla, ainda, o aspecto espiritual. O poder também tem alcance sobre todo ser espiritual. Não há reservas quanto à utilização do poder. Há, nesse caso específico, as imposições estabelecidas por Deus. Essas são distintas para o mundo material e para o mundo espiritual. As leis físico-químicas são para elementos materiais, como o homem, porém leis espirituais são para elementos espirituais.

A onipotência divina é, enfim, o domínio sobre a natureza[79], sobre as regiões celestiais[80], sobre a experiência humana[81].

---

[79] "Pela palavra do Senhor foram feitos os céus, e todo o exército deles pelo sopro da sua boca. Ele ajunta as águas do mar como num montão; põe em tesouros os abismos. Tema ao Senhor a terra toda; temam-no todos os moradores do mundo. Pois ele falou, e tudo se fez; ele mandou, e logo tudo apareceu." (Salmo 33:6-9).

[80] "Disse, pois, o Senhor a Satanás: Eis que ele está no teu poder; somente poupa-lhe a vida." (Jó 2:6).

[81] "Como corrente de águas é o coração do rei na mão do Senhor; ele o inclina para onde quer." (Provérbios 21:1).

Onipresença

Os olhos do Senhor estão em todo lugar, vigiando os maus e os bons.

(Provérbios 15:3)

Ao se analisar a onipresença de Deus devemos ter cuidado para não imaginarmos conceitos panteístas ou deístas. O panteísmo considera que tudo é Deus: a natureza, o sol, a lua, as estrelas, a madeira, os animais, entre outros. Por outro lado o deísmo proclama que Deus está presente no mundo apenas com o seu poder ordenador e não com sua essência, ou seja, seu espírito.

Na realidade, quando concebemos a onipresença temos que atentar para o fato de que Deus está em todo lugar, como etimologicamente significa o vocábulo. Deus preenche todos os lugares com seu espírito. Diante desse preenchimento, Deus não ocupa um lugar mais que outro[82], ou seja, Ele está igualmente presente nos diversos locais. Nesse caso, percebemos que Deus está no Rio de Janeiro da mesma forma que está no Recife e está em Tóquio, ou mesmo na Lua ou Plutão ou numa galáxia ainda desconhecida ao homem, do mesmo como vê o elétron em sua órbita na molécula de hidrogênio. Deus *está* em tudo e não Deus *é* tudo. Entretanto, embora Deus esteja presente em todos os lugares, sua presença é manifestada de maneiras distintas. Por exemplo, basta imaginarmos o céu e o inferno da vida futura. Deus estará presente em ambos, mas no céu sua presença será sentida enquanto no inferno não haverá manifestação de sua presença. Como bem apresentado por Walter Burleigh e Thomas Bradwardine:

> Deus, essencialmente e presencialmente, está necessariamente em toda parte, não apenas no mundo e em cada uma de suas partes, mas ainda fora do mundo, no lugar ou vazio imaginário infinito.[83]

Com a onipresença, Deus assegura que todas as coisas estão sob seu domínio e as suas vistas. Deus é capaz de observar todos as criaturas animadas ou inanimadas, ao mesmo tempo. A constante observação divina o permite agir de forma a conduzir acontecimentos ou fatos nas vidas das pessoas, assim como não permite ao homem esconder algo que tenha feito ou dito.

---

[82] "Nem ainda as trevas são escuras para ti, mas a noite resplandece como o dia; as trevas e a luz são para ti a mesma coisa." (Salmo 139:12).

[83] BURLEIGH, W.; BRADWARDINE, T. (século XIV) *apud* PIETTRE, Bernard, Bauru: EDUSC, 1997, p. 73-74.

Além dessa presença no mundo físico, Deus possui a mesma habilidade para estar presente em todo o mundo espiritual. Logo, os anjos e os demônios também estão sob seu olhar vigilante. Nesse caso, quando imaginamos a onipresença devemos ter em mente que a mesma se apresenta de forma total nos céus (mundo espiritual) como na terra (mundo físico). Destaca-se, entretanto, que a divindade não integra os homens, os animais ou os objetos; Ele está, mas não é. Particularmente no caso dos homens, Deus nos sonda[84] e daí obtém suas observações a respeito de cada um.

Tendo cuidado para que ninguém vos faça presa sua, por meio de filosofias e vãs sutilezas, segundo a tradição dos homens, segundo os rudimentos do mundo, e não segundo Cristo; porque nele habita corporalmente toda a plenitude da divindade.

(Colossensses 2:8,9)

Assim, Deus está presente nos locais onde, por exemplo, o pecado é cometido, sem aprová-lo. Nada pode excluir a presença divina, mas o próprio Deus pode rejeitar – e o faz – as práticas do homem num determinado momento e local. Rejeita a prática, mas não é excluído do local; Deus permanece presente mesmo quando não podemos senti-lo.

Onisciência

Não sabes, não ouviste que o eterno Deus, o Senhor, o Criador dos confins da terra, não se cansa nem se fatiga? É inescrutável o seu entendimento.

(Isaías 40:28)

A onisciência é o atributo, em minha opinião, mais instigante de Deus. Com esse atributo a divindade é capaz de saber e ter o conhecimento de todas as coisas. Ao homem talvez seja difícil compreender o que significa saber todas as coisas. Geralmente imaginamos o saber como conhecimentos científicos capazes de permitir o total domínio sobre os fatos físicos, quími-

---

[84] "Assim diz o Senhor: O céu é o meu trono, e a terra o escabelo dos meus pés. Que casa me edificaríeis vós? e que lugar seria o do meu descanso? A minha mão fez todas essas coisas, e assim todas elas vieram a existir, diz o Senhor; mas eis para quem olharei: para o humilde e contrito de espírito, que treme da minha palavra." (Isaías 66:1,2).

cos e biológicos que podem ocorrer no Universo. Por vezes confundimos a onisciência com presciência. Em outros momentos atentamos para esse atributo como a capacidade de saber o que o homem está pensando. Tais conhecimentos enumerados anteriormente e outros não citados Deus possui.

Diante das possíveis explicações sobre a onisciência o que devemos considerar como característica divina? Essa pergunta pode ser facilmente entendida quando compreendemos que Deus é infinito em todos os aspectos e características. Logo, quando afirmamos que Deus é onisciente desejamos afirmar que a divindade é capaz naturalmente de saber ou ter conhecimento dos atos, fatos, atitudes, sentimentos e pensamentos dos seres criados, antes de os mesmos acontecerem ou serem imaginados. Acrescentando, ainda que a divindade conhece a Si próprio plenamente e não por experiência externa como no nosso caso, mas por conhecimento próprio, ou seja, não é resultado de experiência ou de um processo de raciocínio. Destacamos, neste ponto, que Deus não conhece o pecado ou o mal por tê-lo experienciado, mas o conhece pelas ações livres dos homens[85].

Com a onisciência Deus age sempre de acordo com seus próprios planos, logo quando a divindade estabelece alguma regra ou mandamento, Ele já conhece quem não os atenderá. Quando oferece perdão já sabe quem aceitará. Quando exorta alguém, já percebe os que não acatarão a exortação. O conhecimento não é encadeado um após o outro, mas o é na totalidade.

Usualmente confundimos o conhecimento com a sabedoria, porém para a divindade a sabedoria é a perfeição pela qual Deus aplica o seu conhecimento visando ser glorificado ao máximo[86].

Além dos aspectos relacionados anteriormente, devemos lembrar que Deus é atemporal. Diante dessa atemporalidade, Deus utiliza os conhecimentos inatos a sua existência para agir espiritualmente no homem, haja vista que o interesse divino é primariamente espiritual. Podemos nesse caso compreender facilmente os fatos bíblicos e o interesse divino em todos eles. Por exemplo, a crucificação de Cristo como suficiente para conduzir o homem, desde que o aceite, à comunhão com Deus, está sendo percebida

---

[85] "Tu que és tão puro de olhos que não podes ver o mal, e que não podes contemplar a perversidade, por que olhas para os que procedem aleivosamente, e te calas enquanto o ímpio devora aquele que é mais justo do que ele." (Habacuque 1:13).

[86] "profundidade das riquezas, tanto da sabedoria, como da ciência de Deus! Quão insondáveis são os seus juízos, e quão inescrutáveis os seus caminhos! Pois, quem jamais conheceu a mente do Senhor? ou quem se fez seu conselheiro? Ou quem lhe deu primeiro a ele, para que lhe seja recompensado? Porque dele, e por ele, e para ele, são todas as coisas; glória, pois, a ele eternamente. Amém." (Romanos 11:33-36).

pela divindade neste exato momento. Logo, o sacrifício de Cristo é atual, perene e válido para o propósito ao qual se destina, ou seja, a remissão de pecados[87].

3 – Considerações dos homens frente ao ser de Deus

Ao tratarmos das diversas propriedades e dos atributos especiais percebemos o quão diferente é esse ser maravilhoso. A palavra apenas é um indicativo do ser supremo. É como um ponteiro que nos indica a direção em que devemos seguir para iniciar uma longa jornada de busca e de descobertas.

Para nossa alegria Deus deseja ser conhecido. Iniciar um estudo sistemático sobre Deus sem se aperceber do que significam as propriedades divinas é, no mínimo, uma temeridade de nossa parte. Partir de algo que não sejam verdades irrefutáveis do Criador é criar uma imagem a respeito da divindade que afronta a realidade existencial de Deus. Não temos condições – por sermos finitos – de estabelecer todo o espectro de conhecimento possível a respeito da divindade – ser infinito. Um ser limitado não é capaz de analisar um ser ilimitado.

De outro modo, ao constatarmos a grandeza existencial do ser de Deus verificamos que sem Ele nada seremos. Assim como fomos criado por Ele, somos sustentados. Sua grandeza é capaz de realizar, em nossas vidas, maravilhas impensadas. Deus pode tornar realidade para nós coisas que sequer imaginamos possíveis. Talvez pensemos sempre em coisas físicas, mas devemos nos apeceber que coisas espirituais sem medida também podem ocorrer. Como homens procuramos felicidade: a buscamos no dinheiro, no sexo, no casamento, no carro novo, na casa, no trabalho e por aí afora. Estamos no caminho errado! Nossa limitação não nos permite ver o caminho correto. Somos partes integrantes do universo, embora seres individuais, não somos um ser externo capaz de ver e analisar as opções. Nesse ponto, Deus torna-se essencial para cada um de nós. Ou Deus nos indica o caminho ou não seremos capazes de chegar a um lugar que nos dê o que diligentemente procuramos – felicidade. Deus é o próprio caminho!

Deus está em nós, sabe de todas as coisas e tem todo o poder. Somente Ele pode tranformar nossas vidas. Por nós mesmos não somos, nem nunca seremos capazes de propiciar uma mudança radical de vida. Teremos que

---

[87] "E quase todas as coisas, segundo a lei, se purificam com sangue; e sem derramamento de sangue não há remissão." (Hebreus 9:22).

depender exclusivamente d´Ele. Teremos que confiar plenamente n´Ele. Teremos que nos entregar totalmente a Ele[88].

A entrega é difícil. Usamos muito mal nosso livre-arbítrio. Julgamos que podemos dispensar Deus sem consequências. Julgamos-nos capazes e não percebemos que o que temos nos foi delegado. O que temos é algo contingente e não necessário. É contingente por parte de Deus. Ele nos concedeu. Ele pode retirar o que nos deu, basta querer.

As propriedades e atributos especiais são exclusivos de Deus, logo, não há a menor possibilidade de virmos a possuir tais características. Veremos mais adiante outros aspectos inerentes ao ser de Deus que estão, de certa forma, mais próximos a nós enquanto seres individuais. Na realidade, estaremos analisando a nossa imagem diante de Deus, ou seja, as características divinas que podem ser encontradas no homem.

---

[88] "Entrega o teu caminho ao Senhor; confia nele, e ele tudo fará." (Salmo 37:5).

VII

PERSONALIDADE DA PESSOA DE DEUS

Quando falamos de Deus, não é de admirar que ele não seja compreendido. Tal ignorância é mais piedosa do que uma ciência temerária. Alcançar um pouquinho (da realidade) de Deus traz grandíssima satisfação, mas compreendê-lo é absolutamente impossível.

(Agostinho)

1 – Personalidade de Deus

Ao analisarmos a personalidade divina, observamos características que são tipicamente humanas. Na realidade tais características são um esforço humano para se humanizar a divindade, ou seja, procura-se assemelhar Deus ao homem, ao Lhe analisar sob a ótica humana e assim poder compreendê-lo melhor. As características típicas da personalidade são as mesmas que desejamos encontrar em todos os seres humanos espalhados pela face da Terra. De qualquer forma nos permite observar a grandeza divina, pois o que não encontramos nos homens, embora desejemos, é realidade na divindade.

Entretanto, o antropomorfismo não é o modo adequado de análise. Na verdade, Deus é o possuidor de tais características (atributos) e deseja que os homens, suas criaturas, também as possuam. Tudo o que somos fisicamente e podemos ser espiritualmente e psicologicamente possui sua fonte em Deus; o divino é a fonte de toda a vida.

Tais características são:

- benignidade;
- fidelidade;

- justiça;
- misericórdia;
- paciência;
- proximidade;
- zelo.

Benignidade

Por que te glorias na malícia, ó homem poderoso? pois a bondade de Deus subsiste em todo o tempo.

(Salmo 52:1)

Deus é bom! Tal afirmação insistentemente é proferida por toda a humanidade. Curioso observar que todos conferem a Deus a característica da bondade, sem sequer compreender o que isso significa, ou mesmo o que isso pode representar para si próprio. A bondade divina deve ser muito bem compreendida, pois por intermédio dela entendemos que tudo o que Deus faz, pensa, propicia, permite, determina é bom.

Existe uma confusão nas mentes de muitos em função do "mal" que constantemente nos aflige, quer diretamente ou indiretamente. Seria Deus bom e ao mesmo tempo criador do mal? Essa pergunta merece uma resposta. Uma resposta simples e direta. Não é nosso objetivo discorrer sobre o mal, porém para elucidar essa questão devemos perceber que o mal, como substância, não existe. O mal é uma situação degradante de algo. Em outras palavras o mal representa o pecado, logo o mal na realidade é a não obediência aos mandamentos divinos. Como Deus é bom, seus preceitos também o são e a não observância deles nos conduzem a caminhos tortuosos e difíceis, que aos nossos olhos são um mal. É como conhecemos o mal, ou seja, a ausência do bem.

Ser bom é um anseio das pessoas em relação às outras. Desejamos que os outros sejam boas pessoas. Procuramos incutir nas crianças a necessidade de serem boas. Exigimos benignidade dos outros. E quanto a nós mesmos? Quão bons procuramos ser? É interessante observar que sempre nos consideramos boas pessoas. Achamos que o que fazemos é suficientemente bom. Não vemos nenhum incômodo em ser como somos ou não vemos a necessidade de sermos melhores.

QUEM DEUS É?

Na realidade não somos benignos o suficiente, tampouco desejamos ser. Essa é a nossa real atitude. Precisamos, isto sim, refletirmos sobre a nossa vida para que possamos fazer diferença e, principalmente, sermos uma nova criatura.

Fidelidade

Quanto a Deus, o seu caminho é perfeito, e a palavra do Senhor é fiel; é
ele o escudo de todos os que nele se refugiam.

(2° Samuel 22:31)

A fidelidade é um termo amplamente empregado em nossa vida cotidiana. É empregado com o objetivo de vermos essa característica sendo usual na sociedade. Exigimos, com frequência, a fidelidade nos outros, no cônjuge, no namorado, no amigo etc. Responda sinceramente... O amigo exige fidelidade em suas próprias atitudes? Com certeza a resposta é nem sempre. Certo? E sobre Deus, o que o amigo acha?

Deus é fiel. Essa é uma verdade. O que isso significa? Qual o significado da fidelidade divina? Quando a Bíblia nos afirma que Deus é fiel, ela nos diz que a palavra divina não volta atrás, não se arrepende, não trata com leviandade suas criaturas. Essa é uma característica muito especial, pois por intermédio dela temos garantida a atuação de Deus ao longo de nossa história e o cumprimento de suas promessas. Graças à fidelidade divina estamos vivos neste momento. Somos pecadores e falhos. Nossa atitude, geralmente, ofende o Criador. Suas promessas e afirmações são a nossa garantia de vida. Devido a sua fidelidade, Deus age para com a humanidade com amor, independentemente do que façamos.

Infelizmente, nós, seres humanos, não conseguimos ser fiéis a Deus como deveríamos. Nossa fidelidade é algo que existe, em sua plenitude, apenas no campo das ideias ou no desejo. Muitas coisas nos fazem desviar a atenção e acabam por fazer a nossa fidelidade ruir. Alguns podem afirmar que a fidelidade é algo impossível, enquanto humanos, porém essa é uma afirmação falsa. Podemos citar pelo menos um excelente exemplo de fidelidade pessoal que encontramos em nossa vida cotidiana que serve para eliminar completamente a ideia da impossibilidade. O prezado amigo torce por algum clube de futebol? Ama indistintamente uma agremiação esportiva independentemente dos resultdos por ela alcançados? Deixa de torcer pelo seu clube de coração – "vira a casaca" – quando este sofre uma derrota vergonhosa? Eis aí um exemplo que, com certeza, está presente diante de nós todos os dias. Creio que o amigo já pode perceber como a fidelidade é possível, talvez já esteja, pessoalmente, sendo um exemplo vivo de como é possível. Essa atitude em relação a um clube qualquer é uma prova de que tal nível de comprometimento – fidelidade – pode e deve ser dispensada ao nosso Criador.

Justiça

> *Porque o Senhor é justo; ele ama a justiça; os retos, pois, verão o seu rosto.*
>
> *(Salmo 11:7)*

A justiça é um anseio da humanidade. A sede de obtê-la é tremenda. O considerado injusto, via de regra, é execrado como algo repugnante. Porém, o conceito de justiça requer uma análise mais detalhada. O que vem a ser justo? A humanidade desenvolveu um código próprio para compreender o que seria justo. Elaborou um código de procedimentos, no qual registrou o que seria justo. De igual modo desenvolveu legislações visando descrever o certo para que se pudesse garantir a justiça entre partes envolvidas. Considerou pessoas como juízes para elucidar e decidir sobre contendas entre partes.

Quando observamos que a divindade é justa, temos a necessidade premente de entender o que significa justiça para Deus. O homem, intencionalmente ou não, espelhou-se na divindade para elaborar um código de procedimentos. Esse código a um nível espiritual, também existe. Deus o elaborou e o entregou ao homem para que o mesmo pudesse ser eivado de justiça como a divindade o é. A entrega foi feita por escrito (Bíblia Sagrada) e por algo intrínseco ao homem; lei inscrita no coração humano. O homem é possuidor da capacidade de discernir entre o bem e o mal, logo é capaz de praticar a justiça. Deus age, à luz dessa situação, como um juiz, conforme observaremos mais adiante.

A divindade é perfeita. Sendo perfeito, Deus observa o homem sob Seus próprios critérios. Logo, todos os atos divinos estão sob a égide de uma "legislação espiritual" que garante a legitimidade dos atos, cabendo ao homem adaptar-se e aceitar a imposição de justiça de Deus. Em outras palavras, ser justo ou praticar a justiça significa fazer tudo o que for ordenado por Deus.

O senso de justiça humano não alcança a justiça divina, por isso muitas vezes encontramo-nos argumentando e até recriminando fatos de nossa vida diária que a nossos olhos são uma "tremenda injustiça". Aceitar a justiça divina não é tarefa fácil, porém sua compreensão permite um melhor conhecimento sobre Deus, principalmente porque permite uma análise mais plausível das diversas situações em que comumente nos deparamos em nossa vida.

Misericórdia

> *[...] não te encurvarás diante delas, nem as servirás; porque eu, o Senhor teu Deus, sou Deus zeloso, que visito a iniqüidade dos pais nos filhos até a terceira e quarta geração daqueles que me odeiam, e uso de misericórdia com milhares dos que me amam e guardam os meus mandamentos.*
>
> *(Deuteronômio 5:9-10)*

A misericórdia significa uma ação realizada, sendo imerecida pelo receptor da ação. Em outras palavras, Deus age para com a humanidade sem que a mesma mereça o favor realizado. A luz do significado da palavra misericórdia, compreendemos que a divindade age continuamente em relação à humanidade sem que os homens mereçam cuidado ou mesmo a atenção de um ser divino.

Independentemente das atitudes humanas, Deus usa de misericórdia desde que entre as atitudes dos homens estejam o amar e guardar os mandamentos de Deus, conforme observamos no livro de Deuteronômio, transcrito anteriormente. Essa é uma misericórdia de certa forma condicional, porém não se pode ignorar os favores divinos em relação a toda a humanidade ao longo da história. Nesse último caso existe uma misericórdia incondicional, sendo esta a causa de não sermos consumidos[89], conforme encontramos registrado pelo profeta Malaquias.

A prática da misericórdia, nos padrões humanos, tem sido geralmente associada à caridade. Tal associação não é adequada, pois a misericórdia tem a ver com uma ação, que seja imerecida por quem está sendo alvo dela.

Gostamos, e muito, quando as pessoas usam de misericórdia para conosco, porém somos tímidos para agir de igual forma para com os demais.

---

[89] "Pois eu, o Senhor, não mudo; por isso vós, ó filhos de Jacó, não sois consumidos." (Malaquias 3:6).

Essa atitude tem a ver com nosso egoísmo exacerbado. Eu quero receber um favor, mas não desejo retribuir ou conceder um favor!

Paciência

> *Compassivo e misericordioso é o Senhor; tardio em irar-se e grande em benignidade.*
>
> *(Salmo 103:8)*

A paciência divina é uma característica imediata para o ser humano. Tão logo perceba que Deus existe é fácil imaginar como Este se comporta para que não destrua a humanidade completamente. Simples humanos se ofendem quando observam fatos que denigrem seu semelhante, por vezes ele próprio é um agente pernicioso à própria raça humana. Diante do quadro constante ao longo da história de tragédias, guerras, ódio e selvageria entre humanos, podemos imaginar o quanto um ser transcendente deve suportar para não se irar.

Usualmente ouvimos a palavra paciência. Como humanos que somos, apressados por natureza, imediatistas ao extremo, a paciência é uma virtude que é pregada e exaltada, mas que muito pouco tem a ver com nossas vidas atribuladas. Não queremos ter a paciência necessária para ouvir, para estudar, para meditar, para esperar em Deus, tampouco a uma pessoa que se disponha a se comunicar conosco. Nossa maneira de viver tem sido enormemente prejudicada devido a nossa atitude intempestiva diante das situações.

Essa característica da personalidade divina é uma das marcas mais efusivas d'Ele, enquanto nós, sua imagem e semelhança, deliberadamente a desprezamos. Há realmente algo de muito errado em nossas vidas!

Proximidade

> *Perto está o Senhor de todos os que o invocam, de todos os que o invocam em verdade.*
>
> *(Salmo 145:18)*

Deus está perto! Essa afirmativa é extremamente importante para que possamos elucidar qualquer dúvida que haja a respeito das características do Criador. Muitos imaginam que Deus é um ser ou algo tão distante que nos é impossível descrevê-lo, senti-lo ou simplesmente alcançá-lo, tornando-o inatingível. Outros afirmam que Deus está tão distante que nos é impossível conhecê-lo, tornando-o incognoscível. Há aqueles que afirmam que Deus por ser perfeito é inalcançável. Onde está a verdade? A verdade é que Deus é um ser presente e próximo, tão próximo quanto a humanidade desejar. Que podemos não conhecê-lo totalmente (insondável), porém o que conhecemos é correto e que alcançá-lo é função apenas do desejo humano. Como bem destacou Bertrand Brasnett ao asseverar que "Podemos não conhecer o todo de Deus, mas o que de Deus desconhecemos não refutará ou derrubará o conhecimento dele que já temos."[90]

A proximidade é uma característica curiosa e convém ser bem interpretada. Obviamente, esta não significa contato físico (Deus é espírito), mas significa contato (ou relacionamento) espiritual, em outras palavras, identifica-se com a união por afinidade, ou seja, amizade.

Pela proximidade Deus pode tornar-se, para a humanidade, um amigo ao invés do que observamos nos dias atuais, em que a divindade é tratada como um gênio da lâmpada que deve atender a todos os desejos de seu amo.

De igual modo os homens podem e devem ser próximos uns dos outros. Novamente trata-se de uma proximidade de relacionamento. Andamos pelos nossos dias totalmente afastados do próximo. Ignoramos a presença das pessoas a nossa volta. Esse erro tem sido o causador de grandes males na humanidade. Por causa de atitude pouco compromissada com o outro, não nos importamos com o sofrimento alheio. Passamos a considerar o homem como *algo* e não mais como um *alguém*.

Zelo

> *Assim diz o Senhor dos exércitos: Zelo por Sião com grande zelo; e, com grande indignação, por ela estou zelando.*
>
> *(Zacarias 8:2)*

Quando observamos que Deus possui zelo, temos que refletir sobre que tipo de zelo é esse e o que este significa. Etimologicamente a palavra zelo significa dedicação ardente. Diante de seu significado nos é fácil compreender que o divino tem um cuidado especial com sua criação.

---

[90] BRASNETT, Bernard (1933) *apud* PRATNEY, Winkie. *A natureza e o caráter de Deus*. São Paulo: Vida, 2004, p. 77.

Deus está constantemente preocupado com a situação da criação, especialmente pelos homens. Por que pelos homens? Porque Deus importa-se com a humanidade de uma forma tão indescritível que sua dedicação o fez entregar seu filho unigênito[91].

A entrega de Cristo está alicerçada no amor divino. Logo o amor e o zelo são características que andam *pari passu*. Podemos inferir que o zelo é uma consequência do amor. A característica do zelo é usualmente relegada a um segundo plano na humanidade. Muitos sequer consideram o zelo como importante. Porém quando atentamos para uma vida que seja plena, visualizamos a necessidade de se ter zelo até pelas mínimas coisas que a vida nos propõe. Podemos constatar a necessidade do zelo no matrimônio, por exemplo. Caso desejemos um casamento pleno, haverá os cônjuges de praticarem uma série de atitudes que em última análise serão reflexos de um zelo para com o parceiro.

2 – Considerações dos homens frente à personalidade de Deus

Quando observamos que Deus, em sendo um ser pessoal, apresenta em sua personalidade perfeições desejadas pelo homem, constatamos mais uma vez que as criaturas são imagem do Pai. O homem vê a personalidade divina como um alvo. Infelizmente, esse objetivo é direcionado aos outros. O homem deseja que os outros homens sejam fiéis, zelosos, misericordiosos e assim por diante, mas não deseja, ele mesmo, ser.

O homem observa as perfeições, conclui que são necessárias e fundamentais para uma vida plena, mas se mostra evasivo e, até certo ponto, fraco. Evasivo e fraco porque é conhecedor da necessidade e da verdade, porém não deseja pagar o preço de possuir uma personalidade forte e firme. Não quer ser uma imagem de Deus; não quer ser semelhante a Deus.

Conhecer a personalidade divina deveria nos impulsionar a uma mudança radical de vida. Vemos os nossos objetivos, conhecemos o que devemos ensinar aos nossos filhos, observamos as qualidades essenciais de uma personalidade, mas ao conhecê-lo nos confrontamos com a nossa pequenez moral e a nossa fraqueza espiritual em um grau tal que a atitude correta frente a elas seria, tão somente, a total humilhação. Mesmo sabedores de todas essas coisas, o homem insiste em apresentar na sua personalidade uma característica odiosa – o orgulho. Não é verdade?

---

[91] "Porque Deus amou o mundo de tal maneira que deu o seu Filho unigênito, para que todo aquele que nele crê não pereça, mas tenha a vida eterna." (João 3:16).

VIII

AÇÕES DA PESSOA DE DEUS

Mas o espírito de Deus é espírito criador e nas trevas do nada faz irromper a luz do ser.

(Battista Mondin)

1 – Ações de Deus

Quando constatamos as ações que Deus empreendeu ao longo de nossa história, observamos que na quase totalidade delas, tais ações serviram como identificadores da divindade. Em outras palavras, as ações tornaram--se como se nomes de Deus fossem. É possível que alguns dos prezados leitores identifiquem tais ações como um forma de tratamento, algo como um nome próprio. Escolhi manter tais caracteríscas agregadas na forma de ações exatamente por permitir ao leitor a identificação da divindade como um ser pessoal, capaz de agir livremente.

Muitas são as ações desenvolvidas por Deus. Cada pessoa individualmente pode elencar uma grande quantidade delas. Para nosso intento relacionamos as mais usuais, a saber:

- Criador;

- Disciplinador;

- Galardoador;

- Governador;

- Juiz;

- Legislador;

- Libertador;

- Provedor;

- Redentor;

- Restaurador;

- Salvador.

Criador

No princípio criou Deus os céus e a terra.

(Gênesis 1:1)

A Bíblia refere-se a Deus, inicialmente, como o Criador, conforme pode ser observado no primeiro versículo do livro de Gênesis. Como Criador, Deus foi o responsável pela idealização e construção dos diversos elementos existentes no universo, aqui, incluindo-se o homem[92]. Mais que elementos, foi o responsável pela criação da vida e de tudo o mais que ela deixe subentendido. A criação foi originada do nada – *ex-nihilo*. A partir do nada Deus fez tudo[93].

É interessante notar, ainda, o destaque dado pela Bíblia à criação do homem frente às demais criações divinas. Por tal evidência presume-se ter Deus dado ao homem uma missão especial, uma atribuição frente às demais criações. Essa missão vê-se expressa em Gêneses 1:28, quando afirma a ordem divina para que o homem sujeitasse a terra e dominasse sobre o restante da criação.

Então Deus os abençoou e lhes disse: Frutificai e multiplicai-vos; enchei a terra e sujeitai-a; dominai sobre os peixes do mar, sobre as aves do céu e sobre todos os animais que se arrastam sobre a terra.

(Gênesis 1:28)

Observa-se que o Criador determinou a uma de suas criaturas que fosse responsável pelas demais, permitindo, assim, verificar que a atuação de Deus restringe-se à criação e não à administração da criação. O cuidado ou o zelo com a criação é de responsabilidade do homem. Não obstante a esse fato Deus coloca-se como o verdadeiro dono do mundo[94].

---

[92] "Criou, pois, Deus o homem à sua imagem; à imagem de Deus o criou; homem e mulher os criou." (Gênesis 1:27).

[93] A criação a partir do nada é denominada criação *ex-nihilo*.

[94] "Do Senhor é a terra e a sua plenitude; o mundo e aqueles que nele habitam." (Salmo 24:1).
"O Senhor estabeleceu o seu trono nos céus, e o seu reino domina sobre tudo." (Salmo 103:19).

É importante observar que a criação não se resume apenas a origem do universo físico, como o vislumbramos ao observar o espaço. A criação ocorre constantemente. Toda flor que desabrocha é uma criação. Cada criança gerada é uma criação. Cada ser que suspira no ventre materno pela primeira vez é uma criação. Deus reservou para si o ato da criação. Ele é o Criador de forma continuada. Deus não exerceu a ação da criação apenas na origem do universo e da vida como muitos pensam, mas sim exerce esse ofício continuamente até os dias de hoje.

O homem está entre as criações de Deus. Não somos capazes de criar objetos físicos. O que fazemos são apenas transformações dos materiais que já foram um dia criados.

Disciplinador

[...] para disciplina que sofreis; Deus vos trata como a filhos; pois qual é o filho a quem o pai não corrija?

(Hebreus 12:7)

Os homens que se entregam a Deus, e mesmo aqueles que o renegam insistentemente, são, de uma forma ou de outra, disciplinados. Por que? O texto bíblico em Hebreus é claro: "Porque o Senhor corrige o que ama, e açoita a qualquer que recebe por filho". O sofrimento tem como objetivo último a disciplina. O sofrimento é um indicativo de que algo em nós está errado. Por isso, Deus age como um pai terreno e inicia um processo de disciplina.

Deus deseja que sejamos como Ele o é. Qualquer desvio na rota estabelecida por Deus significa um pecado, significa um erro, significa que estamos indo mal. O amor de Deus entra em cena nessas situações e pela ação da disciplina Ele nos corrige e nos mostra o quanto estamos errados. Nosso livre-arbítrio inpede que Deus altere nossa forma de agir. Deus apenas sugere o concerto – pelo sofrimento, pela disciplina e caso não haja uma reação de nossa parte, Deus retira de nós a alegria. O retirar de nós a alegria significa, tão somente, que Deus não possui mais o livre trânsito na vida do homem. Significa que está tão entristecido que o fruto do Espírito não pode ser mais sentido, nem usufruído.

Como filhos de Deus cometemos deslizes, os quais denominamos de pecado, que ofendem a pessoa divina. Essas atitudes pecaminosas nos afastam de Deus. Essas posições fazem com que, também, sejamos alvo de uma disciplina divina. Quando coisas nos acontecem pode ser a ação divina como Disciplinador atuando, com seu amor, em nossa vida.

Galardoador

Ora, sem fé é impossível agradar a Deus; porque é necessário que aquele que se aproxima de Deus creia que ele existe, e que é galardoador dos que o buscam.

(Hebreus 11:6)

Deus é Galardoador no momento em que confere galardões aos seus filhos. Galardão, por sua vez, é um presente, uma recompensa. Se olharmos atentamente a vida a nossa volta, perceberemos com extrema facilidade o quanto temos recebido de Deus. Chamamos tais "presentes" usualmente de bênçãos. Estamos corretos, porém o que às vezes não percebemos é que as bênçãos são galardões recebidos. Não são recompensas por um trabalho executado ou esforço desprendido, mas sim fruto da graça de Deus.

Cumpre salientar, ainda, que a própria presença do Espírito Santo em nós já é, por si só, um galardão tremendo. Com certeza um dos maiores senão o maior deles. Perceber e sentir o Espírito Santo mover-se dentro de seu próprio ser. Nossa visão extremamente materialista nos confunde, faz-nos pensar que apenas e tão somente bens materiais podem ser oferecidos como recompensa. Esquecemo-nos até mesmo de pequenos gestos que apreciamos e reconhecemos como um presente ou recompensa. Que dizer do abraço apertado de seu filho quando você o entrega um pequeno pacote de balas? Foi uma afronta? Um gesto de gratidão? Uma recompensa pelo que você o presenteou? Agora imagine o gesto de um ser perfeitíssimo – Deus – quando o prezado amigo acena com uma mudança de vida no sentido de agradar a Deus sem reservas?

Governador

Ele governa eternamente pelo seu poder; os seus olhos estão sobre as nações; não se exaltem os rebeldes.

(Salmo 66:7)

O governo divino está intimamente ligado a sua soberania. Na realidade pode-se absorver essas características como se fossem uma só. Por governo devemos entender tal qual nós hoje temos os poderes executivos, nos seus diversos níveis constituídos. Assim como existem as figuras do Presidente da República, do Governador do Estado e do Prefeito Municipal, como agentes da administração pública dos poderes executivos federal, estadual e municipal, podemos transpor esse conceito e visualizar Deus como o Governador supremo do Universo, tanto no mundo físico quanto no mundo espiritual.

Assim como os atores humanos, a divindade se dispõem a empreender ações que visem à melhoria da qualidade de vida do povo. O conceito não se restringe a ações materiais exclusivamente, muito embora sejam, na maioria dos casos, a preferida e observada por nós – humanidade caída. Tampouco restringe-se à atuação da divindade no cosmos, seja no governo dos corpos celestes, especialmente, no planeta Terra – nossa morada no universo –, seja nos outros astros existentes e até os, ainda hoje, desconhecidos para os astrônomos.

Embora Deus seja o Governador do universo, Ele em sua soberania nos concedeu o livre-arbítrio. Por conseguinte, ao homem Deus delegou a responsabilidade de administrar o planeta Terra. Embora Deus governe a Terra, nós somos os responsáveis pela sua administração, somos seus mordomos. Nada que acontece foge à autorização divina, mas ocorre por responsabilidade nossa. Nós somos semelhantes a Deus, por isso também possuímos, entre nossas capacitações, a possibilidade de atuar no mundo como filhos de Deus. Essa possibilidade de atuação basiea-se no conceito de mordomia, pois como tal somos os representantes legais de Deus na Terra. Nesse caso, o que fazemos – de bem – é uma ato divino, já que é uma exteriorização das capacitações outorgadas por Deus, enquanto o mal praticado – negação do ser – é uma privação do bem e nossa exclusiva responsabilidade.

Juiz

Não fui eu que pequei contra ti; és tu, porém, que usas de injustiça para comigo, fazendo-me guerra. O Senhor, que é juiz, julgue hoje entre os filhos de Israel e os amonitas.

(Juízes 11:27)

A figura de um juiz está culturamente internalizada na humanidade. Comumente vemos o Criador como um juiz severo e rigoroso que encontra-se, permanentemente, observando-nos, avaliando nossas atitudes e, invariavelmente, criticando nossas ações e algumas vezes até punindo-as.

Deus, evidentemente, pode ser visualizado como o Juiz. Juiz justo, Juiz fiel às leis, Juiz incorruptível e idôneo. Ao percebermos que a divindade atua por intermédio de julgamentos, é-nos necessário observar que tais atos estão relacionados à comparação dos atos e atitudes humanos frente à lei natural. Tal lei está intrinsicamente presente nos humanos, todos temos a perfeita noção do que é certo e do que é errado. Na realidade isso ocorre porque fomos criados a imagem e semelhança do Criador, somos seres morais. Trazemos em nosso âmago a lei natural.

Não raras vezes, tem-se a imagem de Deus associada à de um juiz, porque ao longo da história do judaísmo e do cristianismo, observa-se com frequência que Deus julga os povos com rigor. Dando, por vezes, a entender que é rigoroso em suas sentenças e que o efeito nos humanos é, via de regra, devastador. Às vezes, a sentença é de morte.

Faz-se necessário uma pequena reflexão sobre Deus. Como afirmamos, as características (atributos) de Deus não devem ser observadas na realidade de nossa vida de forma individualizada. Deus possui todas as características apresentadas e outras tantas em que o prezado amigo pode livremente acrescentar. Além de possuir tais características, Deus as possui em sua totalidade, formando um ser complexo – insondável. Logo, ao afirmar que como Juiz, Deus é ao mesmo tempo amoroso, afirmamos que sem o amor Ele não poderia ser justo. Ademais, por ser amoroso Deus não castiga! O máximo que podemos esperar de Deus é uma repreensão como consequência de atitudes erradas. Tais repreensões, é bem verdade, parecem aos nossos olhos como um castigo, uma reprimenda, mas é algo didático, com um propósito benéfico mesmo quando não percebido de imediato.

Saber que existe um Sumo Juiz, agindo com liberdade e isenção é extremamente confortante. Podemos ter a convicção de que os atos humanos são julgados idoneamente. Convém ressaltar que entre os atos humanos estão os nossos próprios. Também estamos sujeitos às ações do Juiz. O rigor do julgamento está associado a nossa postura como seres humanos frente à legislação estabelecida pelo Legislador. Seremos jugados pelos nossos atos frente às leis divinas e não a partir de nossa ideologia ou concepção de mundo.

Legislador

> *Porque o Senhor é o nosso juiz; o Senhor é nosso legislador; o Senhor é o nosso rei; ele nos salvará.*
>
> *(Isaías 33:22)*

Como já observamos anteriormente, Deus estabelece preceitos a serem observados. Tais preceitos podem ser compreendidos como mandamentos ou, ainda, como leis. Nesse sentido, Deus age como o Legislador, estabelecendo regras de conduta espiritual[95], psicológica[96], esclesiástica[97] e social[98]. Essas regras servem para levar o homem aos caminhos que garantem a paz tão desejada e o contato com o Criador de forma real[99]. Os mandamentos de Deus podem ser facilmente encontrados, para tal basta olharmos para dentros de nós e individualmente observaremos o que é certo e o que é errado; alguns chamam esse conhecimento prévio de lei natural, prefiro dizer que é o mandamento de Deus inscrito em nossos corações[100].

Existem algumas discussões filosóficas sobre a "promulgação" dessa lei natural. Questionam, alguns teólogos, sobre a origem primeira da lei. Acaso Deus estaria sujeito à lei, dessa forma ela seria coeterna com o Cria-

---

[95] "Assim diz o Senhor que faz isto, o Senhor que forma isto, para o estabelecer; o Senhor é o seu nome. Clama a mim, e responder-te-ei, e anunciar-te-ei coisas grandes e ocultas, que não sabes" (Jeremias 33:2-3).

[96] "[...] lançando sobre ele toda a vossa ansiedade, porque ele tem cuidado de vós."(1ª Pedro 5:7).

[97] "[...] não abandonando a nossa congregação, como é costume de alguns, antes admoestando-nos uns aos outros; e tanto mais, quanto vedes que se vai aproximando aquele dia." (Hebreus 10:25).

[98] "Assim resplandeça a vossa luz diante dos homens, para que vejam as vossas boas obras, e glorifiquem a vosso Pai, que está nos céus."(Mateus 5:16).

[99] "Pois eu bem sei os planos que estou projetando para vós, diz o Senhor; planos de paz, e não de mal, para vos dar um futuro e uma esperança" (Jeremias 29:11).

[100] "Esta é a aliança que farei com eles depois daqueles dias, diz o Senhor: Porei as minhas leis em seus corações, e as escreverei em seus entendimentos" (Hebreus 10:16).

dor, ou ela foi promulgada pela vontade divina. No primeiro caso, Deus estaria sujeito à lei, tornando-se o ser perfeitíssimo, pois a cumpre fiel e integralmente. Enquanto no segundo, Deus é considerado o autor da lei natural, por ser a lei um reflexo imediato de seu caráter e natureza. Uma análise das duas propostas nos conduz a afirmar que a segunda hipótese é a mais viável filosoficamente. O embasamento para essa afirmação é o fato de Deus ser o criador. Antes da criação não havia nada. Nem céus, nem terra. Tampouco códigos legais. A lei natural é de fato uma expressão de como a Trindade se interrelaciona, por isso é uma lei promulgada para a criação.

Quanto a nós, homens, temos que ter em mente que estamos debaixo de um Legislador. Deus está no comando para efetuar a legislatura e não nós. Quem estabelece as leis é a pessoa de Deus e não nós. Não nos foi outorgada a possibilidade de legislar sobre os demais homens, num sentido espiritual. Entretanto, aos homens foi dado a capacidade de legislar sobre sua conduta terrena. Evidentemente, as leis promulgadas pelos governos são uma expressão da lei natural – de origem divina – como uma tentativa de se ordenar a vida em sociedade. É uma tentativa, pois o homem ao se afastar de Deus está em permanente conflito consigo mesmo e com seu semelhante, além, é claro, do próprio Deus. Embora procuramos apresentar regras e estabelecer ordens, devemos lembrar que nós somos os agentes sobre os quais a legislação divina foi imposta.

Libertador

> *O Senhor é a minha rocha, a minha fortaleza e o meu libertador; o meu Deus, o meu rochedo, em quem me refúgio; o meu escudo, a força da minha salvação, e o meu alto refúgio.*
>
> *(Salmo 18:2)*

O homem tem como um de seus direitos fundamentais a liberdade. Para exercer esse direito a humanidade procura cercar-se de todos os meios possíveis para obtê-la, chegando inclusive aos campos de batalha sob a égide de promover a liberdade de um ideal ou povo. A liberdade pode ser entendida de duas formas, a saber, a liberdade física e a liberdade espiritual. A liberdade física é muito bem compreendida quando a perdemos, quer por uma restrição, temporária ou não, dos atos e atividades que poderíamos realizar ou por alguma incapacidade física, congênita ou não. A liberdade espiritual porém é muito mais importante, pois é essa que a humanidade busca incansavelmente. É uma posse da qual nem todos os humanos possuem a experiência, embora todos a desejem. Como, então, alcançá-la?

Deus, como Libertador, preocupa-se com a liberdade espiritual do homem. É nessa condição que o divino age para propiciar ao ser humano condições de se desenvolver espiritualmente de forma a sentir-se livre independentemente da situação em que se encontre, do local em que esteja ou dos problemas que esteja enfrentando. Como Deus é soberano e imutável, não há outro modo pelo qual possamos alcançar a liberdade espiritual a não ser por meio d'Ele.

Deus é o Libertador. Só Deus é capaz de libertar o ser humano. Ao homem cabe apenas solicitar e depender integralmente de seu Libertador, caso contrário, será incapaz de conseguir sua tão almejada liberdade.

Provedor

Pelo que chamou Abraão àquele lugar Jeová-Jiré; donde se diz até o dia de hoje: No monte do Senhor se proverá.

(Gênesis 22:14)

A humanidade tem sede e fome de coisas materiais tanto quanto os tem das espirituais. O anseio humano é ter suas necessidades e desejos atendidos, ou em outras palavras, provisionados. É desse ponto em diante que muitos passam a ansiar pela presença de Deus. Desejam que Deus atenda seus mais íntimos e ardentes desejos, encaram a divindade como um gênio das histórias infantis apto a prover tudo o que porventura necessite ou deseje. Não é assim que a soberana presença de Deus se mostra. Quando verificamos que Deus provê as coisas de que realmente necessitamos, temos que compreender que esse provimento se faz de acordo com a soberana liberdade de Deus, ou seja, Ele provê o que quiser, como quiser, quando quiser, se julgar necessário e conveniente para seus eternos propósitos, dentre os quais encontram-se a felicidade do homem.

Mas não é apenas o homem que encontra-se no alvo das atenções divinas. Deus também provê a sustenção física do mundo em que vivemos, provê com a chuva, com o sol, com o solo, com os recursos naturais e assim por diante, tudo do que necessitamos para sobreviver e nos desenvolver, como bem destacou Bernard Piettre: "As coisas poderiam a qualquer momento deixar de ser, se Deus não as conservasse na existência."[101]

O homem não é autônomo. Ele precisa de coisas. O homem precisa de algo. Precisa de algo para a sua subsistência (corpo físico), precisa de algo para o seu bem-estar (alma), precisa de algo para a sua felicidade (espírito). O homem sempre precisa de algo. Precisamos de algo que nos seja exterior, algo que esteja fora de nós; precisamos que nos seja concedido. Não conseguimos nos satisfazer sozinhos. Precisamos de um provedor. O Provedor é Deus! Essa ação divina é a que nos sustém.

Redentor

> *[...] num ímpeto de indignação escondi de ti por um momento o meu rosto; mas com benignidade eterna me compadecerei de ti, diz o Senhor, o teu Redentor.*
>
> *(Isaías 54:8)*

A figura de um redentor é muito comum nas páginas bíblicas. Desde o antigo testamento, Deus é visto como o Redentor do povo escolhido. Os hebreus, com extrema frequência, associam a pessoa divina a um ser capaz de redimí-los de seus problemas físicos ou políticos. Geralmente essas são as situações encontradas nos registros bíblicos. É o povo de Israel desejando libertação dos egípcios, dos babilônicos, dos medo-persas, dos romanos, entre outros. Diante das situações históricas em que se envolveram os judeus, Deus é tido como o Redentor de toda a nação. Mas, como podemos observar em outros textos, Deus se autoproclama Redentor[102]. De fato o é! Sem a atuação d'Ele em nossas vidas, ela se torna insípida, sem brilho, sem cor, sem conteúdo, não é vida. A redenção proporcionada pela divindade é essencial para os humanos.

É certo que podemos, também, analisar a redenção a partir do ponto de vista espiritual, em que a divindade na pessoa de Jesus Cristo propiciou as condições necessárias para o resgate da humanidade. Com a morte e a ressurreição do Cristo, a ação de redenção espiritual foi realizada completamente.

---

[101] PIETTRE, 1997, p. 92.

[102] "E sustentarei os teus opressores com a sua própria carne, e com o seu próprio sangue se embriagarão, como com mosto; e toda a carne saberá que eu sou o Senhor, o teu Salvador, e o teu Redentor, o Forte de Jacó" (Isaías 49:26).

A atuação da divindade na pessoa de Jesus foi baseada, em sua totalidade, na redenção do homem; quer como um ser espiritual, quer como um ser psicológico. Deus procura redimir o homem de dentro para fora, fazendo-o repensar sua vida, transformando-o em uma nova criatura[103], propondo uma metamorfose total do ser.

Restaurador

Portanto assim diz o Senhor: Se tu voltares, então te restaurarei, para estares diante de mim; e se apartares o precioso do vil, serás como a minha boca; tornem-se eles a ti, mas não voltes tu a eles.

(Jeremias 15:19)

O ato de restaurar é, talvez, um dos mais marcantes na vida das pessoas. O homem, enquanto pecador, vive uma vida em que seu espírito está completamente longe de seu Criador. Esse afastamento gera uma série de situações e conflitos internos que fazem com que o homem sinta-se um miserável. Quando o homem se entrega a Deus e o aceita, Deus entra em sua vida e inicia todo um processo de restauração nele.

Essa ação magnífica de Deus ocorre indistintamente em todos aqueles que são seus filhos. É uma ação privativa naqueles que o seguem. Muito do homem precisa ser alterado. Muito em nós precisa ser alterado. Muito em nós Deus tem feito. Deus nos têm continuamente restaurado.

O homem precisa dispor-se perante Deus, com o intuito de se entregar inteiramente a Ele. Assim o fazendo, seremos usados de forma a viabilizar uma restauração plena de Deus em nossas vidas. Estamos sempre necessitando de uma restauração porque sempre estamos perdendo, com nossos pecados, algo de valiosíssimo – o contato com Deus. Somente Deus pode nos restaurar de uma vida falida para uma vida plena. Só Deus pode restaurar a vida de um de seus filhos – um crente – ou restaurar a vida de uma de suas criaturas humanas – não crentes. Cabe-nos apenas observar o quanto somos incapazes de uma autorrestauração. Dependemos integralmente de Deus.

---

[103] "Pelo que, se alguém está em Cristo, nova criatura é; as coisas velhas já passaram; eis que tudo se fez novo." (2ª Coríntios 5:17).

Salvador

> *[...] meu Deus, a minha rocha, nele confiarei; é o meu escudo, e a força*
> *da minha salvação, o meu alto retiro, e o meu refúgio. O meu Salvador;*
> *da violência tu me livras.*
>
> *(2° Samuel 22:3)*

Ao longo da história humana Deus agiu em diversos momentos. As páginas bíblicas estão repletas de informações contendo preciosidades a respeito da salvação vinda pelas mãos poderosas de Deus. Lemos, ouvimos, imaginamos e nos esquecemos. Esquecemo-nos da salvação que Deus proporciona a cada um de nós diariamente. Em quantos momentos da nossa vida estávamos perdidos, sem salvação, e em um milagre, algo acontece e reverte inteiramente a situação? Nesse momento fomos salvos!

A palavra Salvador está intimamente ligada à pessoa de Jesus Cristo. É bem verdade que Ele é o Salvador de nossa vida espiritual. Por Ele podemos chegar ao Pai. Por Ele somos resgatados da morte para a vida. Por Ele recebemos a vida eterna. Por Ele recebemos a salvação! É a mais importante salvação que podemos receber, mas não é a única.

A ação divina como Salvador é a mais propagada no mundo. Dela advém toda a nossa esperança. Somos seres caídos, falidos, desprovidos de felicidade, de paz, de esperança e da essência de vida. Deus é o único capaz de nos entregar tudo o que precisamos, para tal precisamos ser salvos. Somente a salvação divina é capaz de nos resgatar do nosso mundo pessoal para o mundo espiritual. Temos que ter uma atitude de submissão e de confiança na pessoa de Deus para receber a salvação. Temos que crer, não com o significado de acreditar na existência, mas crer no sentido de confiar, de entregar-se completamente.

2 – Considerações dos homens frente às ações de Deus

Deus, em sendo um ser pessoal, é agente de diversas ações fruto de sua personalidade. Essas ações são facilmente identificadas porque possuem correspondentes na vida humana. As ações divinas possuem reflexo direto sobre a humanidade. Não há como negar os efeitos que elas causam sobre os mortais.

O homem é capaz de perceber como Deus age. Não há dúvida de que cada ação divina pode ser sentida de modo particular em cada ser humano. Entretanto, a obstinação humana cria uma fantasia na qual parece que tudo o que ocorre é mero obra do acaso. Vivem como se não houvesse influência divina naquilo que recebem como consequências de seus atos. O homem não é um ser capaz de viver longe de Deus; pode julgar que viva, mas é algo efêmero e sem qualidade.

Reconhecer Deus atuando e impositivo porque é a constatação de uma realidade. Ignorar esse fato é apequenar-se. É viver uma vida fantasiosa; uma vida irreal. É desejar que Deus não exista. É como um subordinado reivindicando para si as decisões da chefia; é inconsistente e temerário.

IX

OS NOMES DE DEUS

Para nós, um nome é um rótulo; é algo que temos, não algo que somos.
Mas para os hebreus, o nome era inseparável da pessoa.

(*Philip Graham Ryken*)

No mundo ocidental, o nome é associado a algo que recebemos ou temos e não a algo que somos. Funciona como um rótulo. Todos possuímos um. O meu é Vagner, da minha esposa Raquel, do meu filho Natanel e o seu? E o de Deus? Como afirmamos no início deste livro, o vocábulo Deus é na realidade o título da entidade, porém a consideramos como um nome próprio. Logo, conhecemos o Criador pelo nome "genérico" de Deus, um nome santo[104].

Deus, todavia, é rico em nomes. Nomes sim, apelidos não! Seus diversos nomes compreendem formas de tratamento respeitosas e também fatos relevantes e marcantes nas vidas daqueles que estiveram em maior contato com Ele. Aqueles que o experenciaram mais! São, por vezes, a expressão da natureza divina. Biblicamente o nome significa algo mais do que o simples identificador de uma pessoa, na realidade funciona como um identificador da personalidade; algo que determina o que a pessoa é. Os nomes divinos funcionam como uma manifestação de seus atributos. O nome não descreve Deus como ele existe e sim como se revela. Como afirma Mark Jones os "nomes de Deus funcionam como sinônimos de seu caráter"[105].

Dividiremos, neste capítulo, os nomes do Ser de Deus em quatro grupos: hebraicos, gregos, nomes simples e nomes compostos. Os termos hebraicos e gregos se fazem necessários porque apresentam termos que são, ainda hoje, muito usuais na comunidade cristã e judaica, para se identificar o Criador. Na realidade procuraremos listar alguns nomes que se referem indistintamente ao Ser Deus (Trindade), quer esteja relacionado ao Deus

---

[104] "Portanto, orai vós deste modo: Pai nosso que estás nos céus, santificado seja o teu nome;" (Mateus 6:9).

[105] JONES, Mark. *Deus é*. Brasília: Editora Monergismo, 2019, p. 111.

Pai, ao Deus Filho ou ao Deus Espírito Santo. Como observamos, os três possuem as mesmas características, portanto o nome de um pode servir para identificar outro membro da Trindade e vice-versa. Obviamente, alguns nomes são dados, função das atividades ou manifestações desempenhadas por um ou outro membro da Trindade; por exemplo, Salvador é um nome típico do Deus Filho, Consolador, do Deus Espírito Santo e assim sucessivamente.

Convém observar que os nomes, por vezes podem ser classificados em simples ou compostos. Os nomes simples são na realidade os termos com os quais aqueles compostos são formados. Poderíamos dizer que os nomes compostos não são na realidade um e apenas um nome, mas o emprego desses nos textos sagrados nos impõem essa distinção, uma vez que o nome Deus está carregado de autoridade e força, digno de toda referência e até mesmo de culto[106]. Devemos sempre lembrar que o nome divino é um nome santo! Para tal, seu uso não deve ser indiscriminado, não deve ser tomado em vão!

Não procuramos, neste capítulo, descrever o significado dos nomes. Nosso desejo é apenas a listagem dos mesmos e a apresentação de uma ocorrência nas Escrituras Sagradas. Os nomes foram paulatinamente sendo apresentados à humanidade, à medida que as circunstâncias históricas que envolviam o povo judeu e os dramas pessoais dos personagens bíblicos tornavam-se alvo da ação direta de Deus. Diante disto, Deus foi se revelando e demonstrando de forma inequívoca seu poder e seu amor para com seus filhos. O significado do nome em nosso código linguístico é bastante claro pela simples leitura do vernáculo. Não temos a pretensão de apresentar uma lista exaustiva, julgamos ser impossível fazê-lo. Procuramos apresentar uma lista extensa, mas temos a certeza de que o amigo, em seus estudos, poderá encontrar e identificar nomes que poderão ser acrescidos, visando tornar essa listagem um pouco mais completa.

É conveniente, para fins didáticos, identificar, inicialmente, nomes hebraicos e gregos usuais. São nomes usados pelos judeus que a cristandade pelo mundo a fora utiliza nos dias atuais com uma reverência digna de nota, são eles:

---

[106] "Não tomarás o nome do Senhor teu Deus em vão; porque o Senhor não terá por inocente aquele que tomar o seu nome em vão" (Êxodo 20:7).

Nomes hebraicos:

- *Aba, Pai*

  "E dizia: ABA, PAI, tudo te é possível; afasta de mim este cálice; todavia não seja o que eu quero, mas o que tu queres." (Marcos 14:36)

- *Adonai* (Soberano ou Deus é Senhor)

  "Três vezes no ano todos os teus homens aparecerão diante do SENHOR DEUS." (Êxodo 23:17)

- *Emanuel* (Deus conosco)

  "Eis que a virgem conceberá e dará à luz um filho, o qual será chamado EMANUEL, que traduzido é: Deus conosco." (Mateus 1:23)

- *El-Elion* (Deus Altíssimo)

  "Contudo tentaram e provocaram o DEUS ALTÍSSIMO, e não guardaram os seus testemunhos." (Salmo 78:56)

- *El-Gibor* (Deus Poderoso)

  "O PODEROSO, DEUS, o Senhor, o PODEROSO, DEUS, o Senhor, ele o sabe, e Israel mesmo o saberá! Se foi em rebeldia, ou por transgressão contra o Senhor não nos salves hoje;" (Josué 22:22)

- *El-Olam* (Deus Eterno)

  "Abraão plantou uma tamargueira em Beer-Seba, e invocou ali o nome do Senhor, o DEUS ETERNO." (Gênesis 21:33)

- *El-Roi* (Deus que me vê)

> "E ela chamou, o nome do Senhor, que com ela falava, *EL-RÓI*; pois disse: Não tenho eu também olhado neste lugar para aquele que me vê?" (Gênesis 16:13)

- *El-Shaddai* (Deus Todo-Poderoso)

> "DEUS TODO-PODEROSO te abençoe, te faça frutificar e te multiplique, para que venhas a ser uma multidão de povos;" (Gênesis 28:3)

- *Eloah* (Único Deus)

> "Ora, ao Rei dos séculos, imortal, invisível, ao ÚNICO DEUS, seja honra e glória para todo o sempre. Amém." (1ª Timóteo 1:17)

- *Elohim* (Deus criador, relacionado à Trindade)

> "E disse DEUS: Façamos o homem à nossa imagem, conforme a nossa semelhança; domine ele sobre os peixes do mar, sobre as aves do céu, sobre os animais domésticos, e sobre toda a terra, e sobre todo réptil que se arrasta sobre a terra." (Gênesis 1:26)

- *Elohim-Elion* (Altíssimo)

> "Eu louvarei ao Senhor segundo a sua justiça, e cantarei louvores ao nome do Senhor, o ALTÍSSIMO." (Salmo 7:17)

- *Iavé* (Senhor)

> "E Deus disse mais a Moisés: Assim dirás aos filhos de Israel: O SENHOR, o Deus de vossos pais, o Deus de

Abraão, o Deus de Isaque, e o Deus de Jacó, me enviou a vós; este é o meu nome eternamente, e este é o meu memorial de geração em geração." (Êxodo 3:15)

- *Jeová Gmolan* (O Senhor das recompensas)

  "Porque o destruidor vem sobre ela, sobre Babilônia, e os seus poderosos serão presos, já estão quebrados os seus arcos; porque o SENHOR, DEUS DAS RECOMPENSAS, certamente lhe retribuirá." (Jeremias 51:56)

- *Jeová-Jireh* (Deus proverá)

  "Respondeu Abraão: DEUS PROVERÁ para si o cordeiro para o holocausto, meu filho. E os dois iam caminhando juntos." (Gênesis 22:8)

- *Jeova Mekadeshem* (O Senhor que santifica)

  "Tu, pois, fala aos filhos de Israel, dizendo: Certamente guardareis meus sábados; porquanto isso é um sinal entre mim e vós nas vossas gerações; para que saibais que eu sou o SENHOR QUE VOS SANTIFICA." (Êxodo 31:13)

- *Jeová Nissi* (Senhor é minha Bandeira)

  "Pelo que Moisés edificou um altar, ao qual chamou *JEOVÁ-NÍSSI.*" (Êxodo 17:15)

- *Jeová Nokah* (O Senhor que guia)

  "E o SENHOR TE GUIARÁ continuamente, e fartará a tua alma em lugares áridos, e fortificará os teus ossos; e serás como um jardim regado, e como um manancial, cujas águas nunca faltam." (Isaías 58:11)

- *Jeová-Osenu* (Senhor, nosso Criador)

  "De longe trarei o meu conhecimento, e ao meu CRIA-DOR atribuirei a justiça." (Jó 36:3)

- *Jeová-Qana* (Deus zeloso)

  "Não te encurvarás diante delas, nem as servirás; porque eu, o Senhor teu Deus, sou DEUS ZELOSO, que visito a iniquidade dos pais nos filhos até a terceira e quarta geração daqueles que me odeiam." (Êxodo 20:5)

- *Jeová Rafá* (Deus que cura)

  "[...] dizendo: Se ouvires atentamente a voz do Senhor teu Deus, e fizeres o que é reto diante de seus olhos, e inclinares os ouvidos aos seus mandamentos, e guardares todos os seus estatutos, sobre ti não enviarei nenhuma das enfermidades que enviei sobre os egípcios; porque eu sou o SENHOR QUE TE SARA." (Êxodo 15:26)

- *Jeová-Roi* (Deus é meu pastor)

  "O SENHOR É O MEU PASTOR; nada me faltará." (Salmo 23:1)

- *Jeová Ropeca* (Deus que sara);

  "Bendize, ó minha alma, ao SENHOR, e não te esqueças de nenhum dos seus benefícios. Ele é quem perdoa todas as tuas iniquidades, QUEM SARA todas as tuas enfermidades [...] " (Salmo 103:2,3)

QUEM DEUS É?

- *Jeová-Sabahote* (Senhor dos Exércitos)

> "E como antes dissera Isaías: Se o SENHOR DOS EXÉR-CITOS não nos tivesse deixado descendência, teríamos sido feitos como Sodoma, e seríamos semelhantes a Gomorra." (Romanos 9:29)

- *Jeová-Shafat* (Senhor, o Juiz)

> "Deus é um JUIZ justo, um Deus que sente indignação todos os dias." (Salmo 7:11)

- *Jeová-Shalom* (Senhor é paz)

> "Então Gideão edificou ali um altar ao Senhor, e lhe chamou *JEOVÁ-SHALOM*; e ainda até o dia de hoje está o altar em Ofra dos abiezritas." (Juízes 6:24)

- *Jeová-Shama* (Senhor presente aqui) ou *Jeová-Shamah* (Senhor está aqui)

> "Dezoito mil côvados terá ao redor; e o nome da cidade desde aquele dia será JEOVÁ-SHAMÁ." (Ezequiel 48:35)

- *Jeová Tsidqenu* (Senhor, nossa justiça)

> "Nos seus dias Judá será salvo, e Israel habitará seguro; e este é o nome de que será chamado: O SENHOR JUSTIÇA NOSSA." (Jeremias 23:6)

- *YHWH* (Eu sou; Deus é autoexistente)

> "E disse Deus a Moisés: EU SOU O QUE SOU. Disse mais: Assim dirás aos filhos de Israel: EU SOU me enviou a vós." (Êxodo 3:14)

Nomes gregos:

- *Theós* (Deus)

> "Bem-aventurados os limpos de coração, porque eles verão a DEUS;" (Mateus 5:8)

- *Kyrios* (Senhor)

> "Bem-aventurado o homem a quem o SENHOR não imputa o pecado." (Romanos 4:8)

- *Páter* (Pai)

> "Por isso, pois, os judeus ainda mais procuravam matá--lo, porque não só quebrantava o sábado, mas também dizia que Deus era seu próprio PAI, fazendo-se igual a Deus." (João 5:18)

Nomes simples:

- Ajudador

> "E eu rogarei ao Pai, e ele vos dará outro AJUDADOR, para que fique convosco para sempre." (João 14:16)

- Altíssimo

> "Do céu trovejou o Senhor, o ALTÍSSIMO fez soar a sua voz." (2° Samuel 22:14)

- Amado

> "[...] e nos predestinou para sermos filhos de adoção por Jesus Cristo, para si mesmo, segundo o beneplácito de

QUEM DEUS É?

sua vontade, para o louvor da glória da sua graça, a qual nos deu gratuitamente no AMADO;" (Efésios 1:5,6)

- Cordeiro

"[...] que com grande voz diziam: Digno é o CORDEIRO, que foi morto, de receber o poder, e riqueza, e sabedoria, e força, e honra, e glória, e louvor." (Apocalipse 5:12)

- Criador

"De longe trarei o meu conhecimento, e ao meu CRIADOR atribuirei a justiça." (Jó 36:3)

- Cristo

"Então lhes perguntou: Mas vós, quem dizeis que eu sou? Respondendo, Pedro lhe disse: Tu és o CRISTO." (Marcos 8:29)

- Deus

"No princípio criou DEUS os céus e a terra." (Gênesis 1:1)

- Fortaleza

"A minha carne e o meu coração desfalecem; do meu coração, porém, Deus é a FORTALEZA, e o meu quinhão para sempre." (Salmo 73:26)

- Esposo

"Porque estou zeloso de vós com zelo de Deus; pois vos desposei com um só ESPOSO, Cristo, para vos apresentar a ele como virgem pura." (2ª Coríntios 11:2)

- Guia

  "Nem queirais ser chamados guias; porque um só é o vosso GUIA, que é o Cristo." (Mateus 23:10)

- Jeová

  "Falou mais Deus a Moisés, e disse-lhe: Eu sou JEOVÁ." (Êxodo 6:2)

- Jesus

  "Vendo, pois, de longe a JESUS, correu e adorou-o;" (Marcos 5:6)

- Juiz

  "Não fui eu que pequei contra ti; és tu, porém, que usas de injustiça para comigo, fazendo-me guerra. O Senhor, que é JUIZ, julgue hoje entre os filhos de Israel e os amonitas." (Juízes 11:27)

- Marido

  "Pois o teu Criador é o teu MARIDO; o Senhor dos Exércitos é o seu nome; e o Santo de Israel é o teu Redentor, que é chamado o Deus de toda a terra." (Isaías 54:5)

- Mediador

  "Porque há um só Deus, e um só MEDIADOR entre Deus e os homens, Cristo Jesus, homem [...]" (1ª Timóteo 2:5)

QUEM DEUS É?

- Messias

"Replicou-lhe a mulher: Eu sei que vem o MESSIAS (que se chama o Cristo); quando ele vier há de nos anunciar todas as coisas." (João 4:25)

- Pai

"Mas agora, ó Senhor, tu és nosso PAI; nós somos o barro, e tu o nosso oleiro; e todos nós obra das tuas mãos." (Isaías 64:8)

- Pastor

"E, quando se manifestar o sumo Pastor, recebereis a imarcescível coroa da glória." (1ª Pedro 5:4)

- Redentor

"Lembravam-se de que Deus era a sua rocha, e o Deus Altíssimo o seu REDENTOR." (Salmo 78:35)

- Refúgio

"Direi do Senhor: Ele é o meu REFÚGIO e a minha fortaleza, o meu Deus, em quem confio." (Salmo 91:2)

- Rei

"Atende à voz do meu clamor, REI meu e Deus meu, pois é a ti que oro." (Salmo 5:2)

- Rochedo

"Pois, quem é Deus senão o Senhor? e quem é ROCHEDO senão o nosso Deus?" (Salmo 18:31)

- Salvador

  "Verdadeiramente tu és um Deus que te ocultas, ó Deus de Israel, o SALVADOR." (Isaías 45:15)

- Senhor

  "Faze-me saber os teus caminhos, SENHOR; ensina-me as tuas veredas." (Salmo 25:4)

- Torre

  "TORRE forte é o nome do Senhor; para ela corre o justo, e está seguro." (Provérbios 18:10)

- Verbo

  "No princípio era o VERBO, e o VERBO estava com Deus, e o VERBO era Deus." (João 1:1)

Nomes compostos:

- Alfa e Ômega

  "Eu sou o ALFA E O ÔMEGA, diz o Senhor Deus, aquele que é, e que era, e que há de vir, o Todo-Poderoso." (Apocalipse 1:8)

- Anjo do Pacto

  "Eis que eu envio o meu mensageiro, e ele há de preparar o caminho diante de mim; e de repente virá ao seu templo o Senhor, a quem vós buscais, e o ANJO DO PACTO, a quem vós desejais; eis que ele vem, diz o Senhor dos exércitos." (Malaquias 3:1)

- Anjo do Senhor

> "Ainda perguntou Manoá ao ANJO DO SENHOR: Qual é o teu nome? – para que, quando se cumprir a tua palavra, te honremos. Ao que o ANJO DO SENHOR lhe respondeu: Por que perguntas pelo meu nome, visto que é maravilhoso?" (Juízes 13:17,18)

- Cordeiro de Deus

> "[...] e, olhando para Jesus, que passava, disse: Eis o CORDEIRO DE DEUS!" (João 1:36)

- Deus Filho

> "E eis que gritaram, dizendo: Que temos nós contigo, FILHO DE DEUS? Vieste aqui atormentar-nos antes do tempo?" (Mateus 8:29)

- Deus Forte

> "Um resto voltará; sim, o resto de Jacó voltará para o DEUS FORTE." (Isaías 10:21)

- Deus Pai

> "Paz seja com os irmãos, e amor com fé, da parte de DEUS PAI e do Senhor Jesus Cristo." (Efésios 6:23)

- Deus Espírito Santo

> "Batizado que foi Jesus, saiu logo da água; e eis que se lhe abriram os céus, e viu o ESPÍRITO SANTO DE DEUS descendo como uma pomba e vindo sobre ele [...]" (Mateus 3:16)

- Espírito Santo

> "[...] mas aquele que blasfemar contra o ESPÍRITO SANTO, nunca mais terá perdão, mas será réu de pecado eterno." (Marcos 3:29)

- Filho do Homem

> "[Pois o FILHO DO HOMEM não veio para destruir as vidas dos homens, mas para salvá-las.] E foram para outra aldeia." (Lucas 9:56)

- Leão da Tribo de Judá

> "E disse-me um dentre os anciãos: Não chores; eis que o LEÃO DA TRIBO DE JUDÁ, a raiz de Davi, venceu para abrir o livro e romper os sete selos." (Apocalipse 5:5)

- Maravilhoso Conselheiro

> "Porque um menino nos nasceu, um filho se nos deu; e o governo estará sobre os seus ombros; e o seu nome será: MARAVILHOSO CONSELHEIRO, Deus Forte, Pai Eterno, Príncipe da Paz." (Isaías 9:6)

- Pai da Eternidade ou Pai Eterno

> "Porque um menino nos nasceu, um filho se nos deu; e o governo estará sobre os seus ombros; e o seu nome será: Maravilhoso Conselheiro, Deus Forte, PAI ETERNO, Príncipe da Paz." (Isaías 9:6)

- Pão da vida

> "Declarou-lhes Jesus. Eu sou o PÃO DA VIDA; aquele que vem a mim, de modo algum terá fome, e quem crê em mim jamais terá sede." (João 6:35)

QUEM DEUS É?

- Poderoso de Jacó

> "E mamarás o leite das nações, e te alimentarás ao peito dos reis; assim saberás que eu sou o Senhor, o teu Salvador, e o teu Redentor, o PODEROSO DE JACÓ." (Isaías 60:16)

- Príncipe da Paz

> "Porque um menino nos nasceu, um filho se nos deu; e o governo estará sobre os seus ombros; e o seu nome será: Maravilhoso Conselheiro, Deus Forte, Pai Eterno, PRÍNCIPE DA PAZ." (Isaías 9:6)

- Raiz de Davi

> "E disse-me um dentre os anciãos: Não chores; eis que o Leão da tribo de Judá, a RAIZ DE DAVI, venceu para abrir o livro e romper os sete selos." (Apocalipse 5:5)

- Rei da Glória

> "Levantai, ó portas, as vossas cabeças; levantai-vos, ó entradas eternas, e entrará o REI DA GLÓRIA." (Salmo 24:7)

- Rei de Israel

> "Assim diz o Senhor, REI DE ISRAEL, seu Redentor, o Senhor dos exércitos: Eu sou o primeiro, e eu sou o último, e fora de mim não há Deus." (Isaías 44:6)

- Rei de Jacó

> "Apresentai a vossa demanda, diz o Senhor; trazei as vossas firmes razões, diz o REI DE JACÓ." (Isaías 41:21)

- Rei dos reis

> "No manto, sobre a sua coxa tem escrito o nome: REI DOS REIS e Senhor dos senhores." (Apocalipse 19:16)

- Rei dos séculos

> "Ora, ao REI DOS SÉCULOS, imortal, invisível, ao único Deus, seja honra e glória para todo o sempre. Amém." (1ª Timóteo 1:17)

- Rochedo de Israel

> "[...] mas o seu arco permaneceu firme, e os seus braços foram fortalecidos pelas mãos do Poderoso de Jacó, o Pastor, o ROCHEDO DE ISRAEL," (Gênesis 49:24)

- Senhor dos senhores

> "Estes combaterão contra o Cordeiro, e o Cordeiro os vencerá, porque é o SENHOR DOS SENHORES e o Rei dos reis; vencerão também os que estão com ele, os chamados, e eleitos, e fiéis." (Apocalipse 17:14)

- Santo de Israel

> "Também eu te louvarei ao som do saltério, pela tua fidelidade, ó meu Deus; cantar-te-ei ao som da harpa, ó SANTO DE ISRAEL." (Salmo 71:22)

X

VONTADE DE DEUS

Ele te declarou, ó homem, o que é bom; e que é o que o Senhor requer
de ti, senão que pratiques a justiça, e ames a benevolência, e andes
humildemente com o teu Deus.

(Miquéias 6:8)

A vontade de Deus, por si só, é um assunto por demais palpitante e que sugere muito cuidado quando abordado. Não raras vezes, crentes piedosos e sinceros não conseguem cumprir a vontade divina em suas vidas. Perdem tempo julgando, erroneamente, que a vontade divina deva ser revelada de uma forma mística. A mera possibilidade de um estudioso preocupar-se em analisar a vontade divina é por si só propícia para o seu desenvolvimento pessoal. Escritores, pastores, teólogos, entre outros, podem discorrer exaustivamente sobre o tema; há um vasto campo a ser trabalhado.

Qual a vontade de Deus? Essa questão é o cerne do comprometimento humano com o Criador. Falar da vontade é fácil. Aceitá-la é difícil. Descrevê-la é um tanto questionável. Descobri-la é caminhar com Deus. Quando observamos que Deus possui vontade, fica muito bem caracterizado a pessoalidade do Criador. Convém ressaltar que Deus é um ser complexo. Fazemos uma pequena inferência dessa complexidade quando olhamos para nós mesmos. Somos criaturas feitas a imagem e semelhança de Deus, logo nossas características, nos seus diversos graus, compõem nossa personalidade, numa integralidade. Do mesmo modo, Deus possui características, com a diferença que Ele as é em sua plenitude. Podemos exemplificar quando observamos o amor. Nós possuimos o amor em um determinado grau, diferente em cada criatura. Eu posso amar mais ou menos que o amigo leitor. Irá depender, exclusivamente, das pessoas envolvidas na análise. Deus, porém, ama com plenitude, ou seja, ama com 100% (cem por cento) da gradação possível para o amor. Afinal de contas Deus é amor!

Esse pequeno parentesis no conceito de vontade que desejamos abordar é interessante e extremamente importante. Na realidade podemos sintetizar a vontade divina direcionada a nós pela seguinte afirmação: ser igual a Deus em sua personalidade e natureza!

Deus deseja que nós, sem exceção, sejamos iguais a Ele em todas as características possíveis a um ser humano. A divindade quer que sejamos cada vez mais identificados a sua imagem e semelhança.

Crentes sinceros discutem como a vontade divina pode ser expressa. Alguns afirmam que podem haver revelações especiais – místicas – que tornam conhecida a vontade divina. Geralmente tais opiniões baseiam-se na possibilidade do Espírito Santo revelar fatos ou determinações alheias ao registrado na Bíblia. Outro grupo afirma categoricamente que a vontade divina encontra-se expressa claramente nas páginas das Sagradas Escrituras. Particularmente, prefiro a segunda hipótese.

Não pode ser negado que o Espíto Santo é um revelador da vontade divina. Ele continuamente nos constrange a cumprir as determinações divinas; sob esse aspecto, vejo a atuação do Espírito Santo como de um rememorizador, ou seja, está constantemente nos relembrando fatos já conhecidos. Conhecidos de onde? Conhecidos a partir da análise da Palavra de Deus – a Bíblia – e da lei moral inscrita em nossos corações. Se o conteúdo da vontade divina já encontra-se revelado textualmente, não há razão para se obter novas revelações de vontade. Tal confusão ocorre porque muitas pessoas procuram descobrir a vontade de Deus onde não há a necessidade de uma revelação especial. Pessoas oram, às vezes com muita angústia, procurando saber, por exemplo, se devem escolher medicina ou engenharia no exame vestibular. Essa dúvida não tem propósito. Na realidade Deus deseja que sejamos um profissional exemplar. Médico ou engenheiro? Tanto faz. O livre-arbítrio da pessoa lhe fornece a garantia de que a escolha feita será abençoada por Deus. Uma vez feita a escolha, os passos seguintes devem ser baseados na vontade revelada. Onde a Bíblia se cala, meu livre-arbítrio e minha volição entram em cena. Não há nenhum pecado em procedermos dessa forma.

Obviamente, o livre-arbítrio não se faz presente apenas na tomada de decisões volitivas sem consequências pecaminosas possíveis. Por vezes, diria na maioria delas, o exercício do livre-arbítrio está envolvido com a possibilidade real de caírmos, de falharmos, de pecarmos. Na realidade uma situação qualquer possui como respostas possíveis um sim ou um não

QUEM DEUS É?

à vontade pré-determinada de Deus. Posso mentir? Sim ou não. A escolha é minha – exercício do livre-arbítrio. A vontade de Deus revelada é um sonoro não[107].

Diante dos fatos existentes em nossa caminhada espiritual, somos forçados a reconhecer que a vontade de Deus não é algo misterioso, algo intangível ou algo difícil de ser identificado. A verdade sobre a vontade está constantemente a frente de nossos olhos. Dar-lhe o crédito devido é o grande problema da humanidade. Nossos desejos contrapõem-se, constantemente, aos desejos de Deus para nossa vida. Deus nos quer santos e irrepreensíveis[108] enquanto nosso desejo principal é satisfazer a carne em seus anseios e paixões. Quando observamos nosso ser interior, nosso verdadeiro eu, podemos compreender o porquê da vontade de Deus ser tão discutida, tão analisada, tão comentada e muito pouco atendida. Falamos dela para pessoas, ensinamos a alguns, discutimos com crentes sinceros, falamos de nossas experiências, porém não a interiorizamos. Não buscamos diariamente cumpri-la em nossas vidas. É certo que em determinados momentos e situações de nossa vida estamos realmente nas mãos do Senhor. Nesses momentos tão especiais e maravilhosos a vontade de Deus é atendida quase sem perceber, estamos vivendo como Deus deseja. Em outros momentos, nossas vidas encontram-se tão cauterizadas pelo pecado, pela corrupção espiritual, que a vontade de Deus é praticamente ignorada. Fico imaginando quantos crentes fervorosos no momento em que preenchem sua declaração anual de imposto de renda são tentados a sonegar informações ou mesmo adulterar informações com o intuito de não pagar um imposto devido ou passar a ter o direito de uma restituição maior. Estão juntando tesouros na terra![109] E a vontade de Deus? Onde fica nessa situação? Estou realmente me interessando por ela ou serve apenas para eu criticar outras pessoas por não cumpri-la?

Chegamos a um ponto interessante de ser observado quando falamos na vontade divina. Primeiro: é de fácil reconhecimento. Segundo: meu instinto carnal dificulta seu atendimento. Todos sabem qual é a vontade de Deus ou, pelo menos, sabem onde encontrá-la. Por que, então, o seu cumprimento é tão difícil?

---

[107] "Não dirás falso testemunho contra o teu próximo." (Êxodo 20:16).

[108] "[...] como também nos elegeu nele antes da fundação do mundo, para sermos santos e irrepreensíveis diante dele em amor." (Efésios 1:4).

[109] "Não ajunteis para vós tesouros na terra; onde a traça e a ferrugem os consomem, e onde os ladrões minam e roubam." (Mateus 6:19).

Augusto Cury[110] lançou uma ideia sobre o porquê disso. Ao desenvolver uma teoria sobre a inteligência e a construção do pensamento, ele trouxe à tona uma possibilidade real que nos permite compreender a razão pela qual não nos livramos facilmente das mazelas do pecado. Os efeitos da memória sobre a construção do pensamento, o fenômeno da psicoadaptação e a falta de autoliderança fazem com que os processos de decisão, tão necessários à construção de uma nova vida, uma vida santificada, uma vida plena, sejam extremamente pesados. Por comodidade, desejamos ser espectadores ao longo de nossa vida e não autores de nossa história. Desejamos que algo místico, sobrenatural, ocorra e que sejamos transformados da água para o vinho como num passe de mágica. Ansiamos pela existência de uma varinha especial que possa nos tocar e nos modificar por inteiro e por completo.

Temos que ter em mente que a vontade divina somente será atendida quando levarmos a cabo um processo simples de intimidade com Deus. Dois passos se fazem necessários para a construção desse relacionamento tão especial. Primeiro: a salvação[111]. Segundo: a santificação[112].

Há, ainda, um terceiro passo, denominado glorificação[113]. Este último tem a ver com nossa entrada na presença do Senhor nos céus. Tem a ver com nossa vida futura ao lado de Deus, seus anjos e de todos aqueles que aceitaram livremente, ao longo da história da humanidade, ao Senhor Jesus Cristo como Salvador.

Só podemos fazer a vontade de Deus se formos seus filhos. Para tal, necessitamos ser salvos, redimidos, regenerados. Temos que nascer de novo! Esse passo é o primeiro e o mais importante na vida daqueles que desejam cumprir os mandamentos divinos. É simples e fácil, mas mesmo assim muitos não o tomam.

Uma vez membros da família de Deus, ingressos por intermédio do novo nascimento, o cumprimento da vontade divina torna-se o objetivo maior da vida cristã. Na realidade a luta espiritual travada nos rincões de nosso ser está intimamente ligada ao atendimento ou não dessa vontade. Lutamos incessantemente contra nós mesmos, procurando forças para

---

[110] CURY, Augusto. *Inteligência multifocal*. São Paulo: Cultrix, 1998.

[111] "Porque, se com a tua boca confessares a Jesus como Senhor, e em teu coração creres que Deus o ressuscitou dentre os mortos, será salvo; pois é com o coração que se crê para a justiça, e com a boca se faz confissão para a salvação. Porque a Escritura diz: Ninguém que nele crê será confundido." (Romanos 10:9-11).

[112] "Porque Deus não nos chamou para a imundícia, mas para a santificação." (1ª Tessalonicenses 4:7).

[113] "e aos que predestinou, a estes também chamou; e aos que chamou, a estes justificou; e aos que justificou, a estes também glorificou." (Romanos 8:30).

vencer nossas próprias debilidades. Lutamos contra nosso desejo de saciar nossas vontades impuras. Nem todos os desejos são impuros, mas aqueles que foram objetivamente revelados pela palavra divina devem ser eliminados de nosso mundo intrapsíquico. Em nossa mente, bem no âmago de nosso ser, processa-se toda a construção de ideias, de pensamentos, de desejos, que servem para nos dirigir a Deus ou nos separar d'Ele. Obviamente os desejos são inseridos em nós por intermédio das tentações, logo não é contra a carne e o sangue que temos de enfrentar, mas sim contra àqueles[114] que procuram nossa destruição espiritual, qual seja, nosso afastamento total do Criador, seja no curso de nossa vida terrena, seja na eternidade.

Deus não impôs ao homem uma forma de pensar. Não faz injunções à forma do homem conduzir sua vida, procura, isso sim, ensinar, corrigir e admoestar com o intuito de levar o homem a refletir sua vida, a repensar sua existência e procura levar ao homem a salvação e, no passo seguinte, a santificação.

Para chegar ao que você não é, você tem de seguir o caminho no qual você não está

(T. S. Eliot)

Descobrir a vontade de Deus pode parecer difícil, porém é fácil observar que a vontade divina anda concomitantemente com a verdade e com o que é certo ou correto. Quando enfrentamos uma situação qualquer em nossas vidas em que seja necessária uma opção, a vontade de Deus é a opção correta, ou seja, é a opção cuja resposta é a certa! Todos sabemos as respostas corretas das questões da vida que nos são propostas, o que nos falta é a vontade de fazer o que é correto. Caso permaneça a dúvida, basta consultar a Bíblia Sagrada; ela responderá. Nos casos em que as opções são variadas, aqueles em que não existe uma única resposta, todas então estão corretas, todas são certas e consequentemente todas estão no centro da vontade de Deus.

A vontade de Deus pode ser subdividida em dois aspectos: universal e particular. A vontade universal é aquela em que a vontade divina é apresentada a todos os seres humanos de forma indistinta. É a expressão do desejo divino de interação com a raça humana, por exemplo, constatamos

---

[114] "pois não é contra carne e sangue que temos que lutar, mas sim contra os principados, contra as potestades, conta os príncipes do mundo destas trevas, contra as hostes espirituais da iniqüidade nas regiões celestes." (Efésios 6:12).

que Deus deseja que todos os homens sejam salvos[115]. A vontade particular é aquela que se refere à pessoa individualmente. É uma vontade revelada diretamente àqueles que são seus filhos, por exemplo, temos a possibilidade de um chamado específico para um ministério específico, como encontramos na passagem bíblica sobre a vida de Sansão[116].

Conhecer a vontade de Deus para nossa vida é muito importante. Praticá-la é essencial para uma vida plena. Ter o assentimento de que algo deve ser mudado na vida pessoal é imperioso, haja vista nossa situação de pecaminosidade constante. Muitos dispendem grande esforço individual com o intuito de descobrir a vontade de Deus para as suas vidas, entretanto não percebem que a vontade está expressa nas páginas bíblicas, que a prudência deve ser um norteador das ações e que o certo e a verdade são sempre alvos da vontade divina. Agindo assim, estaremos cumprindo fielmente a vontade de Deus e sendo um filho exemplar.

---

[115] "Pois isto é bom e agradável diante de Deus nosso Salvador, o qual deseja que todos os homens sejam salvos e cheguem ao pleno conhecimento da verdade." (1 Timóteo 2:3,4).

[116] "[...] porque tu conceberás e terás um filho, sobre cuja cabeça não passará navalha, porquanto o menino será nazireu de Deus desde o ventre de sua mãe; e ele começará a livrar a Israel da mão dos filisteus." (Juízes 13:5).

XI

O RELACIONAMENTO COM DEUS

Rogo-vos pois, irmãos, pela compaixão de Deus, que apresenteis os vossos corpos como um sacrifício vivo, santo e agradável a Deus, que é o vosso culto racional. E não vos conformeis a este mundo, mas transformai-vos pela renovação da vossa mente, para que experimenteis qual seja a boa, agradável, e perfeita vontade de Deus.

(Romanos 12:1,2)

Procuramos ao longo de nossa argumentação discorrer sobre a pessoa de Deus: inicialmente analisando a sua existência, depois a sua revelação escrita, posteriormente as suas características e finalmente, por meio de uma breve análise, a sua vontade. Todos os tópicos abordados são igualmente importantes para se construir um conhecimento válido e coerente sobre Deus. Daí, chegamos a um questionamento de suma importância. Somente ouvir ou saber a respeito de Deus é suficiente? Evidentemente não!

Ter o conhecimento a respeito de Deus é o alvo de várias religiões e seitas. Muitos advogam a necessidade de desenvolver os conhecimentos na busca com o intuito de se alcançar uma iluminação. Eu chamaria essa de uma pseudoiluminação. Nesse ponto concordo com o filósofo brasileiro Olavo de Carvalho, que concluiu seus comentários finais a respeito do livro escrito por Arthur Schopenhauer de forma brilhante e muito instrutiva para nós outros: "É sempre a tentação da Árvore da Ciência que leva o homem a perder a Árvore da Vida".[117]

Qual o significado da frase dita pelo ilústre filósofo? Nós, seres humanos, criativos, inteligentes, ávidos pelo conhecimento, desprezamos certas coisas que realmente são significantes na intenção de descobrir, conhecer, descrever etc... Ignoramos, por vezes, o real valor do conhecimento já adquirido. Queremos novos e desprezamos os atuais. Não valorizamos

---

[117] CARVALHO, Olavo de. Comentários Finais. *In:* SCHOPENHAUER, Arthur. *Como vencer um debate sem precisar ter razão.* Rio de Janeiro: Topbooks, 2003, p 258.

a conquista do conhecimento e sim, o fato de adquiri-lo; apreendemo-la como um bem, como uma posse ou propriedade e não como um benefício conquistado. Queremos saciar nosso desejo de saber mais e não procuramos usufruir daqueles já estabelecidos. Quanta informação que possuímos é desprezada continuamente? Inúmeras? Centenas? Milhares? Quantas? O amigo é capaz de relacioná-las? É o que acontece em relação à pessoa de Deus? O amigo tem sido capaz de aplicar todo o conhecimento que possui de Deus? Sinceramente, eu não tenho sido capaz!

Por que queremos saber mais e mais a respeito de Deus e não procuramos nos relacionar mais e mais com Ele? Se a resposta fosse de um psiquiatra ou psicólogo, estes diriam que estamos psicoadaptados a nossa conduta rotineira, ou seja, estamos acostumados com o pecado e geralmente não queremos mudar o *status quo*.

Se olharmos as páginas sagradas temos uma ideia da razão pela qual não mudamos. Somos por vezes chamados de cegos espirituais[118] e de homens de dura cerviz[119]. Seja qual for a forma empregada para nos descrever, observamos que a dureza de nosso coração está intimamente ligada à construção de nossos pensamentos. Não procuramos mudar nossa forma de vida. Não procuramos alterar nosso pensamento. Não procuramos modificar nossa história. Não procuramos nos entregar de corpo e alma ao Criador. Não procuramos ter intimidade com Deus. Não procuramos trilhar os caminhos de Deus[120]. Como alterar esse procedimento?

Essa dúvida permeia a vida e os corações de muitos. Quantas vezes, meu prezado amigo, você desejou ardentemente fazer algo diferente e não o fez por, na realidade, não ter forças para vencer a si mesmo? Somos, na maioria das vezes, escravos de nosso próprio ser, de nossos desejos, de nossos medos, de nossas dúvidas, de nossas crenças, de nossa tradição, de nossa religiosidade, de nossa autossuficiência, de nosso orgulho e de tantas outras coisas que poderíamos nos alongar o quanto quiséssemos.

Ao longo de minha vida cristã vivenciei momentos extraordinários dentro de salas de aula da Escola Bíblica Dominical e mesmo dentro do santuário em cultos solenes. Esses momentos a que me refiro são aqueles

---

[118] "Apalpamos as paredes como cegos; sim, como os que não têm olhos andamos apalpando; tropeçamos ao meio-dia como no crepúsculo, e entre os vivos somos como mortos." (Isaías 59:10).

[119] "Homens de dura cerviz, e incircuncisos de coração e ouvido, vós sempre resistis ao Espírito Santo; como o fizeram os vossos pais, assim também vós." (Atos 7:51).

[120] "Porque os meus pensamentos não são os vossos pensamentos, nem os vossos caminhos os meus caminhos, diz o Senhor." (Isaías 55:8).

QUEM DEUS É?

em que professores, mestres, pastores e até mesmo alunos e irmãos piedosos, procuravam sintetizar uma metodologia para se aproximar de Deus e cumprir fielmente sua vontade. As orientações, com poucas variações, tendiam a afirmar que nossa aproximação de Deus estava vinculada à disposição individual de orar, ler e estudar a Bíblia e participar efetivamente dos cultos. Concordo com os passos! Entretanto, há anos que ouço tais recomendações e pouco avanço observo. Aqui digo pela minha própria vida. Não devo, nem quero julgar aqueles que estão ao meu lado.

Refleti muito e pude perceber que o relacionamento com Deus é tão fácil de ser alcançado quanto é difícil, individualmente ao homem, desejar essa intimidade. Alguns passos, é verdade, fazem-se necessários. O primeiro, salta aos olhos embora às vezes passe despercebido. Temos que ser filhos de Deus[121]! Seremos filhos do Altíssimo quando aceitarmos a Jesus Cristo e crermos em seu nome. A partir daí, iniciamos um relacionamento com o Pai. Teólogos o chamam de santificação, ou seja, um processo que nos conduz continuamente ao Deus Vivo.

Segundo passo: é preciso ter fé[122]! Sem a fé nossa adoração e nosso relacionamento é vão. Seremos semelhantes aos escribas e fariseus nos tempos de Jesus, o honraremos com os lábios, mas manteremos nosso coração bem longe de Deus[123]. A fé é conseguida por intermédio dos Escritos Sagrados[124], pela meditação e estudo sistemático. Exige esforço! A fé é adquirida!

Terceiro passo: é preciso mudar[125]! Por mudar entendo uma alteração de comportamento. A construção de um novo ser. Vejo aqui o nascimento de uma nova pessoa, para tal esta deve iniciar um processo de aprendizado e crescimento espiritual. É na realidade como um bebê que precisa de cuidados especiais, de alimentação e do calor materno. É uma obra realizada em nosso mundo intrapsíquico. Aqui jaz, em minha opinião, o grande entrave para o desenvolvimento espiritual das pessoas. Não desejamos deixar para trás nossos vícios, nossa vida mundana, nosso modo de ser, nosso agir, nosso modo de pensar! Queremos fazer de Deus um gênio da lâmpada, pronto a realizar e atender todos os nossos desejos. Não queremos ouvir o que Deus

---

[121] "Mas, a todos quantos o receberam (Jesus Cristo), aos que crêem no seu nome, deu-lhes o poder de se tornarem filhos de Deus;" (João 1:12).

[122] "Ora, sem fé é impossível agradar a Deus; porque é necessário que aquele que se aproxima de Deus creia que ele existe, e que é galardoador dos que o buscam." (Hebreus 11:6).

[123] "Este povo honra-me com os lábios; o seu coração, porém, está longe de mim." (Mateus 15:8).

[124] "Logo a fé é pelo ouvir, e o ouvir pela palavra de Cristo." (Romanos 10:17).

[125] "Já estou crucificado com Cristo; e vivo, não mais eu, mas Cristo vive em mim; e a vida que agora vivo na carne, vivo-a na fé no filho de Deus, o qual me amou, e se entregou a si mesmo por mim." (Gálatas 2:20).

tem a falar. Não damos atenção às determinações de Deus. Esquecemo-nos que Deus é soberano! Ele é o Rei, nós os súditos, seus servos! Nossa liberdade é preciosa para Deus, por isso nada espiritualmente nos é imposto. Seremos, espiritualmente, exatamente aquilo que desejarmos ser! Mantendo a visão de que Jesus Cristo é nosso alvo!

Com a revolução interior – alguns a denominam avivamento – o homem torna-se capaz de enfrentar tudo e todos para se relacionar efetivamente com Deus. O prazer estará focado na pessoa do Altíssimo e não nos resultados de atitudes desenvolvidas. Não nos frustraremos porque A, B ou C discordam de nossas ideias ou princípios, mas ficaremos satisfeitos por atender uma determinação do Pai, por estreitarmos nosso relacionamento com a divindade, aproximarmo-nos de Deus, ampliarmos nossa intimidade com Ele, aumentarmos nossa comunhão, vivermos continuamente na presença do *Jeová-Shama*.

Nosso relacionamento com Deus pode ser encarado como de um servo[126] com o seu senhor, de um filho[127] com o pai ou, ainda, de um amigo[128]. Em todos eles há intimidade. Os graus dessa intimidade podem variar, mas, de qualquer forma, apresentam a possibilidade de um relacionamento real com a divindade. Nosso coração é o termômetro que indicará o grau de ardor pela pessoa de Deus. Nele, e somente nele, podemos construir um relacionamento eficaz com o divino.

O grande motivador do ser humano é a felicidade. Todos, sem exceção, estão ávidos pela felicidade. Alguns a procuram no dinheiro, outros nos prazeres físicos diversos, há aqueles que a procuram na meditação, no fazer caridades, na ajuda ao próximo e assim indefinidamente. Todos desejam a felicidade e, para tal, definem qual é o caminho que os conduzirá à felicidade. Uma vez traçado o plano de vida trilham o caminho escolhido com o intuito de, algum dia, chegarem a ser felizes. A felicidade é um alvo a ser atingido, um objetivo, e não um estilo de vida.

Muitos consideram a felicidade como o fruto de uma vida agradável e sem maiores problemas, quer físicos ou emocionais. Nesse sentido, procuram viver de forma que lhes garanta uma melhor saúde, além de estudar e trabalhar, visando possuir um conforto material, por vezes até luxuoso.

---

[126] "[...] não servindo somente à vista, como para agradar aos homens, mas como servos de Cristo, fazendo de coração a vontade de Deus," (Efésios 6:6).

[127] "Amados, agora somos filhos de Deus, e ainda não é manifesto o que havemos de ser. Mas sabemos que, quando ele se manifestar, seremos semelhantes a ele; porque assim como é, o veremos." (1ª João 3:2).

[128] "[...] e se cumpriu a escritura que diz: E creu Abraão a Deus, e isso lhe foi imputado como justiça, e foi chamado amigo de Deus."(Tiago 2:23).

QUEM DEUS É?

Mas o que falar daquelas pessoas que afirmam serem felizes? Será verdadeira a afirmação destes? O prezado amigo é feliz? É óbvio que jamais poderemos conhecer o interior de uma pessoa. Dizer que uma pessoa ao afirmar ser feliz está mentindo é ser leviano. Nunca teremos a capacidade de discernir sobre tal afirmação, se é verdadeira ou falsa.

Mas o que significa a felicidade? Essa pergunta é mais importante do que possa parecer à primeira vista. Devemos considerar que a felicidade é um estado de espírito. O ser ou não ser feliz é algo intrínseco à alma humana. Ela não está condicionada a nuances da vida cotidiana. Não está sujeita a condições específicas do dia a dia. Não depende do estado de saúde pessoal, tampouco do montante encontrado na conta bancária.

Na realidade ansiamos ser felizes porque nos falta algo. Felicidade é o nome que damos àquilo que necessitamos para que nos sintamos um ser completo, pleno. Procuramos viver uma vida plena satisfazendo todos os desejos carnais e psicológicos possíveis, entretanto, ao término das experiências sensoriais, constatamos, frustrados, que as atividades não foram suficientes para garantir a perenidade da felicidade, fato bem observado por David Hume:

> [...] as mais altas efusões de alegria engendram a melancolia mais profunda; os prazeres mais arrebatadores são seguidos da mais cruel lassividão e de desgosto; as esperanças mais promissoras abrem caminho para as decepções mais duras.[129]

Nossa frustração ocorre porque procuramos saciar nossa deficiência no local errado. A felicidade não é encontrada no mundo físico (corpo) nem no mundo psicológico (alma). A felicidade está no mundo espiritual! Quando verificamos que a podemos encontrar no mundo espiritual, entendemos quão vital é nossa atitude diante de Deus. Um relacionamento adequado com nosso Criador saciará o vazio interior de nossas vidas. Esse vazio só é preenchido por Deus. Apenas Ele tem o poder de saciar nossos anseios e preencher o vazio que nos falta. Somente Deus pode nos fazer felizes, porque Ele está acima da nossa realidade e, assim, provê algo que não pode ser encontrado nem gerado em nosso próprio nível – humano –, seja no campo das ideias ou dos sentimentos, seja no campo físico dos bens materiais.

---

[129] HUME, David. *História natural da religião*. São Paulo: Editora Unesp, 2004, p.124.

Apenas um desejo de nossa parte é suficiente para que venhamos a obter a ansiada felicidade. Um desejo de se relacionar com Deus. Não será a satisfação de nossos desejos que nos tornará felizes, mas o desejo de fazer a vontade do Pai, sim. Geralmente a vontade de Deus é conflitante com esses anseios pessoais. Isso ocorre porque estes estão usualmente direcionados ao mundo físico e psicológico, enquanto Deus prioriza o aspecto espiritual. Esse choque de foco faz com que tentemos e não consigamos atingir o alvo de nossas vidas – a felicidade.

Diante desses fatos, temos que ter em mente que o relacionamento com Deus é essencial. É uma questão de opção. Desejo a felicidade ou prefiro saciar meus instintos humanos? Individualmente, cada um de nós deverá responder a questão. Diante da escolha não podemos ser hipócritas. Sabemos as consequências de cada uma das opções. Ou seremos felizes ou teremos momentos fulgazes de prazer e alegria.

A vitória vem ao escolher a vontade de Deus ao invés da nossa. Ao agir diferentemente de nossa vontade quando em conflito com a divina, nossa vontade encontra-se deturpada pela queda. O foco deve ser o atuar no mundo do modo como Deus planejou.

EPÍLOGO

Deus é mais bem definido não tanto por vocábulos conceituais e racionais, mas por um encontro.

(James Berkley)

Conhecer Deus racionalmente é uma tarefa impossível[130]. Sob esse aspecto devemos aceitar que a divindade é insondável. Muitos aprisionam seus pensamentos com afirmações de especialistas ou, ainda, de pretensos conhecedores da verdade e não procuram retirar diretamente de Deus os ensinos tão essenciais para seu desenvolvimento psíquico, emocional e espiritual.

Nas Escrituras Sagradas encontra-se uma série de antropomorfismo, ou seja, aspectos humanos são apresentados ou emprestados à pessoa de Deus visando a uma melhor compreensão de nossa parte. Assim, encontramos registros de elementos físicos constitutivos dos homens tais como a face de Deus (Êxodo 33:20), dos olhos de Deus (Salmo 11:4), das suas mãos e ouvido (Isaías 59:1), do nariz de Deus (Isaías 65:5), da sua boca (Deuteronômio 8:3), de seus lábios e língua (Isaías 30:27), do dedo de Deus (Êxodo 8:19), bem como de aspectos passionais como tristeza (Salmo 78:40), arrependimento (Gênesis 6:6), ciúmes (Tiago 4:5), ira (Salmo 6:1), por exemplo. Esses antropomorfismos são apenas uma forma de expressão e não uma apresentação ou representação da pessoa de Deus.

Descrever Deus é uma atividade a qual o homem não tem condições de concluir, posto que o conhecimento puro – a descrição[131] – não pode ser analisado sem a comparação deste com o objeto – no caso, Deus. A filosofia bem compreendeu isso conforme defendido por Immanuel Kant,

---

[130] "Poderás descobrir as coisas profundas de Deus, ou descobrir perfeitamente o Todo-Poderoso?" (Jó 11:7).

[131] "Quanto ao Todo-Poderoso, não o podemos compreender; grande é em poder e justiça e pleno de retidão; a ninguém, pois, oprimirá." (Jó 37:23).

"A definição precisa da verdade consiste na concordância do conhecimento com o seu objeto."[132]

Embora não possamos descrever integralmente Deus, podemos conhecer da divindade alguns atributos. Esses atributos ou características são traços marcantes de uma personalidade forte, determinada, autônoma, criativa, justa, entre outros. O estudo criterioso de cada atributo, na realidade, é como uma lupa direcionada a Deus a partir da observação de suas ações. Deus como simples ou singular é os seus próprios atributos. Ao se focar a algo específico retiramos pequenos detalhes aos quais chamamos de atributos. São úteis, mas não são conclusivos. A questão que nos sobrevém a seguir é a seguinte: particularmente sabemos o que significa cada um dos atributos listados?

Por conseguinte, o conhecimento desses atributos impõe a condição de que conhecemos *a priori* determinadas facetas de Deus. Logo, a divindade não é totalmente desconhecida. Não é incognoscível! Observamos a personalidade de um ser vivo, de igual modo podemos concluir que Deus não é uma "força" existente no Universo, Ele é o agente criador do mesmo e uma personalidade. Como bem disse Immanuel Kant, "[...] o entendimento nunca pode *a priori* conceder mais que a antecipação da forma de uma experiência possível [...]"[133]

Conhecemos alguns aspectos de Deus, porém não somos capazes de absorver tudo o que significa cada um dos aspectos. Deus sempre é, faz ou age infinitamente mais do que pensamos ser Ele capaz de ser, fazer ou agir. Deus é insondável! Não somos capazes de perscrutar toda a integralidade do ser de Deus, até porque Ele não se revela completamente. Deus nos dá indicativos d'Ele, dá-nos uma direção, permite-nos buscá-lo.

Conhecer Deus *a posteriori* é, com certeza, um alvo muito especial na vida das pessoas. Muitos não percebem essa necessidade, outros a percebem mas não desejam aproximar-se d'Ele, outros percebem e não sabem como proceder e há aqueles que percebem e ardentemente desejam saciar suas mais íntimas ansiedades espirituais, procurando, diligentemente, tornar-se amigo de Deus. Conforme defendido por Agostinho, "A mente, quanto mais se aproxima da imutável verdade, mais entende."[134]

Saber coisas a respeito de algo ou alguém é importante, é interessante e é estimulante, mas ter conhecimento sobre não é a mesma coisa que

---

[132] KANT, 2004, p. 93.

[133] KANT, Immanuel. *Crítica da razão pura*. São Paulo: Martin Claret, 2004, p. 240.

[134] AGOSTINHO (século IV) *apud* MONDIN, Battista. *Quem é Deus?* Elementos de Teologia Filosófica. São Paulo: Paulus, 1997, p. 245.

conhecer profundamente alguma coisa ou alguém. Discutimos sobre as características de Deus, apresentamos algumas delas, podemos afirmar que conhecemos tais características, porém não podemos afirmar que conhecemos a Deus. A divindade somente será conhecida, por nós, quando de um encontro pessoal e íntimo. Quando comungarmos com Deus, observarmos sua atuação em nossa vida cotidiana, ansiarmos cumprir seus desejos é que poderemos afirmar que O conhecemos. Seremos seus amigos, construiremos um relacionamento especial, teremos intimidade com o Pai. James Berkley compreendeu muito bem que Deus é bem definido por intermédio de um encontro e não por conceitos puros e racionais; Kant percebeu que apenas conceitos sem experiência são inúteis:

> Apenas ligados o entendimento e a sensibilidade podem determinar objetos em nós. Em os separando, temos conceitos sem intuições e intuições sem conceitos. Não obstamnte, em ambos os casos temos representações que não podemos ligar a nenhum objeto determinado.[135]

Para conseguirmos perceber as qualidades divinas em nossas próprias vidas, algo precisa ser realizado. Entender quem é Deus e conhecê-Lo são os requisitos básicos para a obtenção de uma vida na presença d'Ele. São requisitos básicos, porém não são os únicos necessários! Saber quem é Deus, como Ele age, como se relaciona com o mundo, como se relaciona conosco é importante, mas nossa vida espiritual não termina por aí! O que devemos fazer então? Talvez seja essa a pergunta crucial. É talvez a pergunta mais usual dentro de nossos corações, sempre que estamos imersos em nossas dúvidas chegamos a conclusão que devemos fazer algo e, por vezes, não sabemos nem por onde começar.

Religiosos nos dizem que precisamos fazer a vontade do Pai, ter uma vida de oração, estudar a Bíblia Sagrada, ir à igreja, congregar-se com outros, ter uma vida pura, entre outros. De novo, são regras impostas ou sugeridas que tendem a dar uma certa tranquilidade psicológica às pessoas, mas que não saciam o anseio espiritual. Os ritos tendem apenas a dar uma satisfação àqueles que porventura ainda não sejam crentes. Os ritos não constituem uma ponte entre Deus e nós!

Uma perfeita compreensão de que Deus, por ser onipresente, está próximo de nós, por ser onisciente nos conhece perfeitamente, por ser

---

[135] KANT, 2004, p. 246.

misericordioso não nos consome em resposta a nossas faltas e assim sucessivamente a todos os aspectos da divindade abordados anteriormente, permitir-nos-ão dar um primeiro passo na busca de uma conduta de vida especial. Obviamente somente por intermédio da atuação divina em nossas vidas é que poderemos mudá-la, ou seja, ou permitimos que Deus nos conduza ou nada do que venhamos a fazer surtirá o efeito desejado. Estudar a Bíblia é importante? Claro que sim! É suficiente? Claro que não! A letra que encontramos na Bíblia não é em si a fonte do conhecimento. Somente um coração apto a aprender, apto a se submeter, ávido pelo conhecimento e disposto a receber as informações é que terá a oportunidade de ler, estudar e, realmente, aprender algo especial sobre Deus. Não é a mera leitura que fará a diferença, e sim um ouvido atento ao que Deus vier a falar, por intermédio do Espírito Santo, quando do estudo bíblico. A mesma análise pode ser feita quando observamos a oração, a ida a igreja ou a vida em geral. Não são os atos que fazem a diferença! São as vidas dispostas a fazerem a diferença que realmente são necessárias para que Deus atue.

Sem uma integração com Deus adequada, nossa vida não será especial. Passaremos um tempo na terra, morreremos, podemos ir para o céu – salvos por Jesus Cristo –, mas mesmo assim poderemos passar por aqui com uma vida pobre espiritualmente. Não é o que Deus planejou! Ele deseja que tenhamos uma vida espiritual plena e abundante, para tal temos que nos mortificar a cada dia, temos que deixar de existir para que Deus possa viver em nossas vidas. Temos que ter necessidade de Deus! Reconhecer nossa fragilidade, impotência e total dependência.

Deixe Deus ser Deus em sua vida! Seja amigo d'Ele! Ame-O! Honre-O! Adore-O! Procure-O de todo o seu coração! Quando fizeres isto, o encontrarás e Ele tornar-se-á cognoscível para você!

Buscar-me-eis, e me achareis, quando me buscardes de todo o vosso coração.

(Jeremias 29:13)

REFERÊNCIAS

AGOSTINHO. *Confissões*. São Paulo: Martin Claret, 2003.

AGOSTINHO. *A Trindade*. São Paulo: Paulus, 1995.

AQUINO, Tomás. *Suma teológica I. v. I, q. 13, a. 11, resp.* São Paulo: Loyola, 2001.

ARANHA, Maria L. A.; MARTINS, Maria H. *Filosofando:* Introdução à Filosofia. São Paulo: Moderna, 1991.

BAVINCK, Herman. *Dogmática reformada*. São Paulo: Cultura Cristã, 2012.

BERKHOF, Louis. *Teologia sistemática*. São Paulo: Cultura Cristã, 2019.

BERKLEY, James. *A essência do cristianismo*. São Paulo: Vida, 2002.

BÍBLIA SAGRADA. Português. Tradução de João Ferreira de Almeida. Revista e atualizada. Barueri: Sociedade Bíblica do Brasil, 1993.

O ÚNICO Deus é verdadeiro. *Crescendo para edificar*. 2017. Disponível em: http://crescendoparaedificar.blogspot.com/2017/07/licao-2-o-unico-deus-verdadeiro-e.html. Acesso em: 16 fev. 2020.

BRASIL. [Constituição (1988)]. *Constituição da República Federativa do Brasil*, 1988. Disponível em: http://www.planalto.gov.br/ccivil_03/constituicao/constituicao.htm. Acesso em: 16 dez. 20.

CAMPOS, Heber Carlos de. *O ser de Deus e os seus atributos*. São Paulo: Cultura Cristã, 2012.

CAMPOS, Heber Carlos de. *O ser de Deus e suas obras*. São Paulo: Cultura Cristã, 2016. CHEUNG, Vincent. *Introdução à teologia sistemática*. São Paulo: Arte Editorial, 2008.

COMFORT, Philip W. *A origem da Bíblia*. Rio de Janeiro: CPAD, 1998.

CRAIG, William L.; MORELAND, James P. *Filosofia e cosmovisão cristã*. São Paulo: Vida Nova, 2005.

CURY, Augusto. *Inteligência multifocal*. São Paulo: Cultrix, 1998.

DOURLEY, John P. *A psiquê como sacramento*. São Paulo: Paulinas, 1985.

DOURLEY, John P. *A doença que somos nós*. São Paulo: Paulus, 1987.

FERREIRA, Aurélio Buarque de Holanda. *Novo dicionário Aurélio da Língua Portuguesa:* nova edição revista e ampliada. 2ª ed. 24ª impressão. Rio de Janeiro: Nova Fronteira, 1986.

FRAME, John M. *A doutrina de Deus*. São Paulo: Cultura Cristã, 2014.

GEISLER, Norman; BOCCHINO, Peter. *Fundamentos inabaláveis*. São Paulo: Vida, 2003.

GEISLER, Norman. *A inerrância da Bíblia*. São Paulo: Vida, 2003.

GEISLER, Norman. *Eleitos, mas livres*. São Paulo: Vida, 1999.

GEISLER, Norman. *Enciclopédia de apologética*. São Paulo: Vida, 1999.

GEISLER, Norman. *Teologia sistemática*. Rio de Janeiro: CPAD, 2010.

GRUDEN, Wayne. *Manual de teologia sistemática*. São Paulo: Vida, 2001.

HAWKING, Stephen. *O universo numa casca de noz*. São Paulo: Arx, 2002.

HUME, David. *História natural da religião*. São Paulo: Editora Unesp, 2004.

JASTROW, Robert. *A scientist caught*. 2017, p. 14 e 115. Disponível em: http://crescendoparaedificar.blogspot.com/2017/07/licao-2-o-unico-deus-verdadeiro-e.html, Acesso em: 16 fev. 2020.

JASTROW, Robert. *God and the astronomers*, 2017, p. 115. Disponível em: http://crescendoparaedificar.blogspot.com/2017/07/licao-2-o-unico-deus-verdadeiro-e.html, Acesso em: 16 fev. 2020.

JONES, Mark. *Deus é*. Brasília: Editora Monergismo, 2019.

KANT, Immanuel. *Crítica da razão pura*. São Paulo: Martin Claret, 2004.

KAPELINSKI, Igor. *A Bíblia é verdadeira?* Joinville: Clube de Autores, 2009.

KELLER, Vicente; BASTOS, Cleverson. *Aprendendo lógica*. 12. ed. Petrópolis: Vozes, 2000.

LEWIS, C. S. *Cristianismo puro e simples*. São Paulo: Martins Fontes, 2005.

LUTZER, Erwin. *7 razões para confiar na Bíblia*. São Paulo: Vida, 2001.

MILEANT, Alexander. Deus Único. *Recados do Aarão*, 2017. Disponível em: https://www.recadosdoaarao.com.br/?cat=34&id=2187. Acesso em: 11 fev. 2020.

MONDIN, Battista. *Quem é Deus?* Elementos de teologia filosófica. São Paulo: Paulus, 1997.

NASCIMENTO, Adriano. *Seitas e heresias*, Joinville: Clube de Autores, 2009.

PIETTRE, Bernard. *Filosofia e ciência do tempo*. Bauru: EDUSC, 1997.

PINK, Arthur W. *Os atributos de Deus*. São Paulo: PES, 1985.

PRATNEY, Winkie. *A natureza e o caráter de Deus*. São Paulo: Vida, 2004.

RYKEN, Philip G. *Os dez mandamentos para os dias de hoje*. Rio de Janeiro: CPAD, 2014.

SALUM, Oadi. *Teologia sistemática reformada*. São Paulo: Cultura Cristã, 2018.

SCHOPENHAUER, Arthur. *Como vencer um debate sem precisar ter razão*. Rio de Janeiro: Topbooks, 2003.

SCHWARZ, Hans. Teologia e ciência se complementam. *DW Brasil*, 2005. Disponível em: https://www.dw.com/pt-br/teologia-e-ci%C3%AAncia-se--complementam/a-1761727. Acesso em: 16 fev. 2020

SILVA, Severino P. *A doutrina de Deus*. Rio de Janeiro: CPAD, 2001.

SPINOZA, Baruch. *Ética demonstrada à maneira dos Geômetras*. São Paulo: Martin Claret, 2003.

STROBEL, Lee. *Em defesa da fé*. São Paulo: Vida, 2002.

STRONG, Augustus H. *Teologia sistemática*. São Paulo: Hagnos, 2007.

SWINBURNE, Richard. *Deus existe?* Brasília: Academia Monergista, 2017.

SWINBURNE, Richard. A existência de Deus. *Revista de Filosofia Princípios*, Natal, v. 15, n. 23, p. 272, 2008.

TILLICH, Paul. *Teologia sistemática*. São Leopoldo: Sinodal, 2005.

TURRETINI, François. *Compêndio de teologia apologética*. São Paulo: Cultura Cristã, 2011.

VÁRIOS AUTORES. *Curso Internacional de Teologia:* material didático gratuito. Ituitaba: Faculdade Gospel, 2016.

WARFIELD, Benjamin. *A inspiração e autoridade da Bíblia.* São Paulo: Cultura Cristã, 2010.

YANCEY, Philip. *O Deus (in)visível.* São Paulo: Vida, 2001.